# 無門関を読む

秋月龍珉



講談社学術文庫

# はじめに

禅宗では「公案《こうあん》」をあげつらうことは、師家分上《しけぶんじょう》（正師《しょうし》の印可《いんか》を受けて師家の資格をもつ者）の禅匠《ぜんしょう》（禅の師匠）でなければ許されないことになっています。ここに私が執筆しますのは、禅・匠《ゼン・マスター》の一人としてそうした第一義諦《ぎたい》（仏法の第一義の真理）に立って公案を説こうというのではなくて、禅宗の「公案」に興味をもたれる一般の読書子のために、本格的な禅の修行に入る前の軽い気楽な読み物として、現代人向けの公案の思想的な鑑賞を試みようというのです。まあ一種の「禅宗公案物語」というところでしょうか。

まず、わが国でいちばんポピュラーな公案集として知られる『無門関《むもんかん》』を取り上げます。ただし、原典の公案の順序を変えて、初歩的な公案からより高度な公案へと、新しい順序を立てて学んでいくことにします。

『無門関』は、中国宋代の禅僧無門慧開《むもんえかい》和尚（一一八三―一二六〇）が編集した公案集です。「公案」とは、〝禅の修行者に課せられる一種の試験問題〟です。私人の単なる「私案」でなく、祖師がたの定められた「公案」には、長い歴史のあいだに熟していった禅者の深い思索がにじんでいて、禅の〝もっとも基本的な思想の結晶〟だとも言うことができます。

『無門関』の構成は、一則ごとに「本則《ほんそく》」と「評唱《ひょうしょう》」と「頌《じゅ》」とから成ります。初めの「本則」と呼ばれる部分が〝公案〟で、四十八則（「則」は公案を数えるときに使う助数詞）あります。次の「評唱」は、無門和尚が「本則」に禅的な解説・批評を加えたもので、最後の「頌」は、彼の作った禅的な漢詩です。ほんとうは、原書を原文の漢文で読むべきなのですが、ここには、初心の読者のために、私の現代語訳で本則と評唱を挙げて、その後で私の理解し得たかぎりの解説・鑑賞を加えていきます。「頌」は原則として現代語訳だけにしておきます。

『無門関』は、本来は禅の修行、すなわち実参実究のための問題集なのですから、私の解説もまたあくまでそうした実参への助けというか、まあ一種の心の準備ということから離れないようにするつもりです。私は、読者各位がこの貧しい講話を乗り越えて、進んで正師について実参して、ご自身で骨折って実参実究されることを祈ってやみません。だが、この本はこの本として、みなさんの日常の生き方の上で、これまでとはまったく違った角度から「禅仏教」的なもののの見方をしてみることによって、さまざまな実人生の現実の問題の解決に何か役立てていただくことができるのではないかとも念じています。

平成二年四月八日

秋月龍珉

# 目　次

# 原典『無門関』の目次との対照表

第一則　趙州無字（3　趙州の無字）
第二則　百丈野狐（41　百丈の野狐）
第三則　倶胝竪指（10　倶胝の一本指）
第四則　胡子無鬚（9　異邦人になぜ鬚がない）
第五則　香厳上樹（5　香厳の樹のぼり）
第六則　世尊拈花（11　世尊、大衆に花をしめす）
第七則　趙州洗鉢（12　趙州の食器洗い）
第八則　奚仲造車（8　奚仲の車造り）
第九則　大通智勝（18　大通智勝仏）
第十則　清税孤貧（17　清税の孤独貧乏）
第十一則　州勘庵主（26　趙州が庵主をテストする）
第十二則　巌喚主人（19　瑞巌の主人公）
第十三則　徳山托鉢（46　徳山の托鉢）
第十四則　南泉斬猫（20　南泉、猫を斬る）
第十五則　洞山三頓（45　洞山の三頓棒）

# 無門関を読む

■編集部注　「『無門関』公案四十八則」の各則中、太字の箇所が『無門関』の現代語訳で、脇に付した漢数字は、巻末の原文および訓読文に付した漢数字に照応しています。

# 『無門関』公案四十八則

## 1　どっちがホンモノ　（第三十五則　倩女離魂《せんじょりこん》）

五祖法演和尚［弟子の］僧たちに問うて言った、
「お倩《せん》は魂が［肉体から］離れ［て、二人のお倩となって生き］たというが、どっちがホンモノ［のお倩］か」

五祖法演（?—一一〇四）は、中国宋代禅界の巨匠で、唐代に五祖弘忍禅師《ぐにんぜんじ》（六〇一—六七四）のおられた黄梅山《おうばいざん》で、宋代にさかんに禅風を挙揚《こよう》されたので、「五祖山の法演」といわれました。「公案禅」の大成者として知られます。臨済宗では、「中興禅師」と尊んでいます。

その五祖法演禅師が、弟子たちに問うて、「倩女《せんじょ》は魂が離れて二人になったと言うが、どっちがホンモノか」

と、問題を提起されたというのです。

これは、唐代の伝奇小説『離魂記』（陳玄祐撰）から取った次のような話です——

時は、唐の則天武后の天授三年（六九二）、所は衡州（今の湖南省衡陽地方）に、張鑑という人がいて、二人の娘がいたが、姉は早死にして妹娘ひとりを大切に育ててきた。非常に美しい姑娘《クーニャン》で娘一人に婿《むこ》八人という中から、父親は文官高等試験に最近及第した青年を選んで、結婚させようとした。ところが、張鑑の甥《おい》に王宙という美青年がいて、倩女とはいとこ同士で相愛の仲であった。二人がまだ幼いころ、父親がたわむれに、「お前たちはまるでおひなさまのようだ、大きくなって結婚したらまことに似合いの夫婦になるだろう」と言った言葉を真に受けて、成長した今は互いに恋し合うようになり、ひそかに許婚《いいなずけ》の仲だとばかり思っていた。寝耳に水の結婚話に倩女は快々《おうおう》として楽しまず、王宙もまた深く伯父の仕打ちを恚恨《いこん》に思い、伯父には都に出て科挙《かきょ》（文官高等試験）の試験に応ずると言っていとまをつげ、倩女には何も言わずに夜中ひそかに舟に乗って、この地を去った。

夜半になって舟を停めて休んでいると、誰か岸を走ってくる足音が聞こえる。出てみると、それは倩女であった。王宙は彼女の真心を嬉しく思い、二人は相抱いて泣いた。今さら張家にも帰れぬとあって、手に手を取って王宙の故郷蜀《しょく》の国（四川省）に走り、そこで夫婦になった。五年の歳月がまたたく間に流れて、今は二人の男の子の母となった倩女は、なぜかこのごろしきりに思いに沈む。

ある日、夫君の王宙に訴えて言うには、

「あのとき私はあなたをお慕いして夢中で父母の家を飛び出してまいりましたが、あれから五年、人の子の親となってみて何かにつけて思い起こすのは、ただ故郷の父母のことです」

と、さめざめと泣くのであった。王宙はもっとものことと思い、二人は舟をやとうて衡州の地へ向かった。両親に許しを乞うためである。

王宙は倩女をひとまず舟着場に残して、自分ひとり伯父の家を訪ねて、不義理を詫びた。張鑑はたいへん喜んで甥を迎えたが、一部始終の物語を聞くと、実にけげんな顔をして言った、

「お前のいうお倩とは、いったいどこのお倩だ」

「あなたの娘の倩女です」

「倩女？　お倩はお前が出奔して以来、ずっと病気でもの言わずに奥の一間に寝たきりだ」

「いいえ。五年前に私の後を追いかけてきてくれて、蜀に帰っていっしょになり、今は子供が二人もできて、いたって元気です。現に舟で私の首尾を待っています」

と言う。張鑑も不思議に思って舟着場まで使いを出すと、倩女がなつかしそうに、

「お父さんは元気ですか」

という。その報告にますます分からなくなって、張鑑が病室に行ってみると、これまた確かに倩女である。

あまりの不思議にこのことを病室のお倩に話すと、とても喜んで布団の上に起き上がったが、ものは言わない。そのうち舟から降りた倩女が車で帰ってきた。病室の倩女がこれを迎える。玄関先で、車上の倩女が車からおりたと思うとたんに、二人の倩女が一体となった。

そのとき着ていた着物の柄までぴたりと一つに合った。

父親の張鑑は、娘に向かって、

「お前は王宙が行ってしまってからというもの、一言ものも言わず、毎日うつらうつらと酔っぱらったようにしていたが、さては魂が離れて、王宙のところに行っていたのだなあ」

と言うと、倩女は、

「私が家で病気で寝ていたなどとは少しも知りませんでした。あのとき、王宙が私にも黙って怒って行ってしまったと聞いて、その夜に夢のような気持ちで、王宙の舟を追いかけました。夫の王宙といっしょにいたのが私か、お父さんの家に寝ていたのが私か、私自身にも分かりません」
と言った。

これが、この物語のあらましであります。

この小説は、宋代に李昉《りほう》ら十二人の学者が勅を奉じて撰したという『太平広記《たいへいこうき》』にも収録されていますから、当時一般に流行していた話だったのでしょう。禅師はこの巷の物語を借りて、仏法商量《しょうりょう》（商人が物の値を互いに話し合って決める意から、師と修行者が問答して道を究めることをいう）の材料とされたのです。一人は舟中にあり、一人は閨中《けいちゅう》にあります。どっちがホンモノか。

我々は日常、心は二つ身は一つ、我とわが心に迷うことがいくらもあります。使徒パウロも、

「私は自分の欲することは行なわず、かえって自分の憎むことをしている。私は内なる人としては神の律法を喜んでいるが、私の肢体には別の律法があって、私の心の法則に対して戦いをいどみ、そして肢体に存在する法則の中に、私をとりこにしているのを見る。私は、なんというみじめな人間なのだろう。誰が、この死のからだから、私を救ってくれるだろうか」（「ローマ人への手紙」第七章）

と言っています。

真の、本来の自己とは、何でしょうか？

仏教の根本問題は、神でもなく、また死人でもありません。即今《いま》・此処《ここ》・自己《じこ》を究明することです。仏法ではそれを「己事《こじ》究明」と申します。道元はそこを「仏道とは自己を習うなり」と言い、五祖法演の弟子圜悟《えんご》克勤《こくごん》は、「おおよそ参禅問答は、須《すべか》らく自己を明究すべし」と言いました。

無門は評して言う――

　[二]もしここでホンモノを悟ることができたら、一つの肉体を出て、また一つの肉体に入ることが、旅館に泊《と》まるようなものだということが、すぐに分かるだろう。[三]もしまだそうでないとしたら、けっしてむやみに走りまわってはならない。[四]ふいに地水火風の四つの要素が一散して、臨終のときが来ると、湯の中に落ちたかにが手や脚をバタバタさせてもがき苦しむようなことになる。[五]そのとき、「この私が君に何も」言ってきかせなかったなどと、「恨み言を」言ってはならぬぞ。

この公案で、「真実の自己」が悟れたら、この世の生を終えて次の世の生を受けることは、旅館に泊まったようなものだと分かって、生死《しょうじ》の問題に自由を得るだろう。だが、悟れないからと言って、むやみに走りまわって解決を他に求めてはならない。大事なのは「自己の究明」である。それを忘れてむやみに走りまわると、臨終のときになって、湯に落ちたかにのように苦しみもがくことになるぞ。そのとき私が何も教えなかったと恨み言を言うな。私はちゃんと仏道の大事は「己事究明」だと教えたぞ――と無門慧《え》開《かい》和尚はいうのです。

無門は頌《うた》って言う――
雲間の月は同じでも、[六]
照らされる谷や山は千差万別だ。
めでたしめでたし、[七]
それは一なのかそれとも二なのか。

## 2　自己《じこ》の本来《ほんらい》の面目《めんもく》

（第二十三則　不思善悪《ふしぜんあく》）

[一]六祖慧能《えのう》は、恵明上座《えみょうじょうざ》が彼を追ってきて、大庾嶺《だいゆれい》で追いついたので、[二]恵明が来たのを見ると、すぐに法衣《ほうえ》と持鉢《じはつ》とを石上に投げ出して言った、

「[三]この法衣《けさ》は仏法の信の象徴である。力で争うべきものではない。[四]持っていきたいなら勝手に持っていくがよい」

[五]そこで、恵明はそれを持ち上げようとしたが、山のように動かなかった。[六]彼はためらい恐れおののいて言った、

「私が来ましたのは、法（真理）を求めてです、法衣のためではありません。[七]どうぞ行者《あんじゃ》（六祖）よ、ご教示をいただきたい」

[八]六祖は言った、

「善を思わず悪を思わず、まさしくそのようなときに、どれが明上座の本来の面目か」

[九]恵明はすぐさま大悟して、全身に汗が流れた。[一〇]涙を流して礼拝《らいはい》して問うて言っ

た、
「[一一]先ほどからの秘密の言葉と秘密の心のほかに、そのうえまだ何かありましょうか」
[一二]六祖は言った、
「私が今、君のために説いたのは、秘密ではない。[一三]君がもし自己の面目を照らし顧みるならば、秘密はかえって君のほうにある」
[一四]恵明は言った、
「私は黄梅山《おうばいざん》で雲水として修行していましたが、実にただ自己の面目を省《さと》りませんでした。[一五]今、悟りに入る処をお示しいただいて、水を飲んで冷たいか暖かいかを自分ではっきり知るような体験を得ました。[一六]今や行者は私の師匠です」
[一七]六祖は言った、
「君がもしそう言うなら、私は君とともに黄梅の五祖（弘忍）禅師を師匠と仰ごう。[一八]よく自身でその境地を護持しなさい」

---

中国禅の六祖（初祖達磨から六代目の祖師。六三八—七一三）は、慧能《えのう》禅師といって、五祖弘忍《ぐにん》禅師のおられた黄梅山で行者《あんじゃ》（僧侶にならずに、寺に住んで雑役に従事

する寺男のような者）として修行して、俗人のまま五祖の法を嗣いで祖師位（仏教では、仏の位を「仏位」というが、禅では、釈尊の法を嗣いだ者を祖師といい、その位を「祖師位」という）にのぼりました。これで見ても、仏の「法」は僧侶とか俗人とかの差別なく悟った者に伝わるということが分かります。彼が去ってから、五祖禅師はもう法を説かれませんでした。それでみながそのわけを問うと、「私の道は南方に去った」と言われました。そこで、あの行者の慧能が六祖となって、達磨大師伝来の袈裟《けさ》（法衣）と持鉢を嗣法の印《しるし》としていただいて去ったことが分かって、みながあんな俗人に大切な仏法の宝ものを渡してなるかというので、六祖の後を追いかけました。それからが、本則の話になります。

大勢で追っかけたのですが、その中で軍人出身の「明上座《みょうじょうざ》」と呼ばれた恵明《えみょう》という僧が脚が強いので、一人だけ大庾嶺《だいゆれい》で六祖に追いつきました。彼は六祖が、これは仏法の「信」のシンボルで力で争うものでないからと言って、石上に置いた衣鉢を取ろうとして取れずに、心中深く恐れて、「私は法を求めて来たのです」と、すなおな心になって教えを乞います。物理的な世界だけの話なら、明上座に法衣や持鉢が持ちあげられないはずはありません。恵明は手をのべる前に、すでに六祖の道力《どうりき》に、その禅的人格の力に心を摑まれていて、それが「ためらい、恐れおののき」となったのだと思います。そこで本来のすなおな心に返って、すなわち無我になって、六祖に教えを求めました。これで悟りへの心の準備はすでに調っていたのです。「無我」のときにこそ、仏法の「法《ダルマ》」は露《あら》わになるからです。

　六祖は言います、

「善悪を思わずに、すなわち道徳とか自我の分別とかを離れて、明上座すなわち君自身の本来の面目は何か」

「面目」というのは、本来はその人の〝顔と目〟という字ですが、〝顔つき、顔かたち〟〝ものごとのようす、ありかた〟を言います。ここでは、〝自己本来のあり方〟の意でしょう。

　私は先に、仏道の大事は「己事究明」だと言いました。それはどんな自己の究明でしょうか。それを本則では、自己の「本来の面目」、すなわち「本来の自己」を自覚することだと教えています。そうか、仏法の悟りとはこういうことだったのか。「衆《しゅ》生《じょう》、本来、仏なり」だったんだ。私は本来仏だったんだ——恵明はそう悟ったに違いありません。そう思うと嬉しくて感きわまって、全身に汗が流れて、思わず六祖に礼拝しました。

　でも、悟りたてのホヤホヤで、まだそのうえに何か奥深い真理があるかと思って、

さらに尋ねます。六祖は言いました、

「私が説いたのは何も秘密ではない。君が自己の〝本来の面目〟に取って返すなら、秘密は逆に君のほうにある」

他人は、たとえどんなに偉い師といえども、何もしてやれぬ。悟りはその人自身で自覚体認するものだ。人間みんな「本来仏」なのだ、その自己の本来の面目を返照しさえすれば、秘密は自分自身に本来十分に具わっている、というのです。

恵明は改めて、

「行者こそ私の師だ」

と感謝の意を表します。六祖は、

「それなら、私と君は法の兄弟として五祖禅師を師としよう」

と言われました。

無門は評して言う――
[一九]六祖は次のように評してよい。――彼の恵明への教示は、せっぱつまっての働きで、老婆の親切心のようにまことに切実だ。[二〇]たとえば、新鮮な茘支《れいし》の殻《から》をはぎ、核《たね》を取ってしまって、君の口の中に入れてやって、ただ君が一口に飲みこみさえすれ

ばよいというような計らいだ。

六祖は乱暴な明上座に追いつかれて、せっぱつまっての働きで、見事に恵明を悟らせました。その悟り教育の見事さは、老婆が孫をかわいがるような親切さで、まるで皮をむき種を取った果物のように、悟りそのものを、幼児の口に放り込んで、後はもうただ本人が飲み込むばかりという親切さだ、というのです。

無門は頌《うた》って言う――

[二]描いても画ききれない、讃《ほ》めても讃め足りない「のだから」、
　つまらぬ気苦労はやめなされ。
[三]「本来の面目」は蔵《かく》す場所がない、
世界が壊《こわ》れてもそのものは朽ちることはないのだ。

# 3　趙州《じょうしゅう》の無字《むじ》

（第一則　趙州《じょうしゅう》無字《むじ》）

一趙州《じょうしゅう》和尚は、僧が、

「狗子《いぬ》にも仏性《ぶっしょう》がありますか」

と問うたので、
二「無」

と答えた。


---

趙州禅師（七七八―八九七）に、ある修行僧が、

「犬にも仏性がありましょうか」

と尋ねますと、禅師は、

「ない」

と答えられました。

公案は、これだけです。このばあい、「仏性」というのは〝仏としての本性〟とい

うことで、仏教学者のよく解説するように、〝仏となり得る可能性〟という意味ではありません。可能性なら未来のことですが、禅者の眼は常に、〝即今《いま》・此処《ここ》・自己《じこ》〟を離れません。現にいま、この私が仏であるか否か、禅者にとっては、ただそれだけが問題だからです。

「一切衆生《いっさいしゅじょう》、悉有仏性《しつうぶっしょう》」（すべての生きとし生けるものに、みな仏性がある）というのが、教主釈尊《しゃくそん》の大宣言です。そして、これが大乗仏教の根本思想です。しかし、正直に言って、畜生にも等しいこの私にも、はたして〝仏陀《ぶつだ》としての本性〟があるのでしょうか？　――ここにこの僧の真摯《しんし》な宗教的・実存的な疑問がありました。そして、このさいこの問題意識こそが大事なのです。恩師鈴木大拙先生は、これを〝公案参究における知的要素〟と呼んで、とくに強調されていました。今日の禅の道場でよく見られるように、何の問題意識もなしに、機械的心理的に、ただ「ムームー」とやるだけではダメだというのです。

盤珪《ばんけい》禅師に次のような言葉があります、

「たとえば、出家が一領の袈裟《けさ》を失って、どれほど探しても見つけられないとき、かたときも捨て置かずに、探し求めるのを、まことの〝疑い〟というのである。いまどきの人が古人も疑うたからと言って、疑いを生ずるのは〝疑い〟のまねごとである。

まことの疑いではない。だから真実に悟りに至る日がないのである。それは失わないものを失ったと言って探し求めるようなものである」

公案がほんとうに自己自身の問題とならぬかぎり、結局それはまねごとです。真剣な〝問題意識〟が大事です。古人はそこを「大疑のもとに大悟あり」と言われました。

ところで、趙州禅師の「無」の一字ですが、この公案の原典である『趙州録』で見ますと、明らかに禅師は〝有る〟に対して〝無い〟と答えていられるにすぎません。

原典では、

修行者、「犬にも仏性がありますか」

師、「ないな」

修行者、「上《かみ》は諸仏から下《しも》は蟻《あり》に至るまで、みな仏性がありますのに、どうして犬にはないのですか」

師、「そいつに業識性《ごっしきしょう》（惜しい・欲しい・憎い・可愛いという煩悩《ぼんのう》妄想）があるからだ」

というふうに、問答が続いています。

趙州の「無」を、このように有に対する無――「有無の無・相対無」――としてでなく、原典の問答の後半を截ち切ることによって、いわば「絶対無」と解して、この公案で、修行者にいわゆる「東洋的無」を体験させようとしたのは、趙州の生きた唐代ではなくて、後代の宋の時代の五祖法演禅師あたりからで、そのころいわゆる「公案禅」（看話《かんな》禅）なるものが確立して、「五祖下の暗号密令」（「公案」のこと）などと言われるようになってからのちのことです。

今日では、その「公案」が、さらに教育的に組織化、体系化されて、まずこの則（公案＝古則）で、「差別《しゃべつ》」の世界（「自我」を中心に、自他対立の世界）しか知らぬ我々に、差別の根底に「平等」の世界（「無我」の体験による、自他一如の世界）の存することを体認させる目的で用いられています。たとえで申しますと、「色」や「形」（差別）が存在しうるのは、「空間」（平等）というものがあるからでしょう。「空間」は「色」や「形」は有《あ》るようなあり方では無《な》いものですが、その「無《む》」なる空間があってはじめてその限定としての「有《う》」としての色や形があり得るのです。これが西田哲学で、「個物」と「一般者」の関係を説いて、「無」の「場所」などといわれるところです。こうした一切の「個物」の存在根拠である「絶対無」を、思想としてではなく、体験のうえで直接に摑むところに、「無字」の公案の意味があるのです。
そこで、次の問題は、どうしたらこの「絶対無」の体験をわがものにすることができるか、ということであります。無門和尚の「評唱《ひょうしょう》」がその最良の答えです。実によくできています。現代語に訳して読んでみましょう。

無門は評して言う——

[三]禅に参ずるには祖師の定められた関所を透《とお》らなければならぬ。妙悟を得るには心路も絶える（分別心を断ち切る）という経験を窮めねばならぬ。[四]祖師の関所を透らず、心路も絶えないならば、それはすべて草や木によりつく精霊《しょうりょう》のようなものであろう「人間というに価しない」。[五]まあ諸君、言うてみよ。祖師の関所とは何か。[六]ただこの一箇の「無」の字、それが実は宗門の一関なのだ。[七]そこでこれを「禅宗無門関」（「無」という門の関所、ないし門の無い関所）という。[八]この一関を透りぬけることができた者は、ただ趙州ひとりに親しく相見《しょうけん》する（お目にかかる）だけでなく、歴代の祖師がたと手を取って共に行き、眉毛が交わるほどに親しく顔と顔を相接して、同一《どういつ》の眼で見、同一の耳で聞くことができる。[九]なんと愉快ではないか。
[一〇]このすばらしい関所を透りたいと思う者はいないか。[一一]「いるなら」、三百六十の骨

節と八万四千の毛穴でもって、全身で一箇の疑団（疑いのカタマリ）になって、この一箇の「無」の字に参じ、昼も夜も一日中これを問題として提撕《ひっさ》げよ。[一二]この「無」を〝虚無《きょむ》の無〟（断見―ニヒリズム）だと理解するな、〝有無《うむ》の無〟（偏見―二元論）だと理解するな。[一三]一箇の灼熱した鉄の玉を呑んでしまったようで、吐こうとしても吐き出せず、「呑もうにも呑みこめず」、これまでの悪い知識や悪い悟りを払い尽くして、長いあいだ「練りあげて」純熟して、自然に内（主観）と外（客観）とが一つになる。[一四]そこは啞子《あし》が夢を見たようで、ただ自分だけが分かっていて、他人には語れないようなものだ。[一五]いきなりその「無」が爆発すると、天を驚かし地を動かして「驚天動地の事態が起こる」。関羽将軍の大刀を奪い得て手に入れたようで、仏に逢えば仏を殺し、祖師に逢えば祖師を殺し、[一六]生死（輪廻《りんね》＝迷いの世界）の岸頭で大自在を得、六道四生《ろくどうししょう》、どこに生まれても何になっても、悠々たる遊戯《ゆげ》三昧《ざんまい》の心境になれる。

[一七]まあ、どう問題として提撕《ひっさ》げるか。[一八]平生《へいぜい》の気力の限りを尽くして、一箇の「無」の字を取りあげよ。[一九]もし間断《きれめ》がなかったら、「仏壇の」法の灯火《ともしび》に火をつければ、すぐにぱっとつくのとそっくりだ「はっと悟れるに決まっている」。

無門和尚は、禅者たるものは一箇の「無」の字関所を透過せねばならぬと言って、「無字」の公案のすばらしさを謳《うた》いあげます。そして、後半でその「無字」の参究の仕方を、実に到れり尽くせりという親切な説き方で説いています。私たちの道場では、この無門和尚の一文をお経のように訓読で読誦《どくじゅ》して、そのとおりに修行することを努めています。私はここで、この評唱の一文を――とくに前半は――くどくどと解説することはしません（口語訳で十分でしょう）。

後半が大切です。「無字」の実際の参じ方です。

全身全霊で「疑団」を起こして、「無字」に参じ、昼も夜も問題として提《ひっさ》げよ。有無という二元論《デュアリズム》で理解するな、何もないという虚無主義《ニヒリズム》に陥るな。一箇の熱鉄丸を呑んだように、吐き出すこともならず呑み込むこともならず、ただもうまっしぐらに一箇の「無」の字に参じて、ただ「ムー、ムー」と練り込んでいけ。そうすると、これまでの「悪知悪覚」が蕩《とろ》け尽くして、自然に主観と客観と（「自己」と「公案」と）が一つになる。これを無門は「打成一片《たじょういっぺん》」（内と外と一つになる）の境地と言います。我も世界も消えて、ただ「無」だけになりきるのです。公案三昧《ざんまい》です。「差別」の中心に立つ自我が「空」じられて、「無我」（無心）の純一境、すなわち「平等」の境地に入ります。それが、何らかの感覚の縁にふれて、「驀然打発《まくねんたはつ》」（いきなり爆発）すると、驚天動地の事態が生じます。すなわち「唖子が夢を見る」ように、ただ自分ははっきり知っていますが、他人には語れないような、水を飲んで冷たいか暖かいか、「冷暖自知」する一種の直覚体験に出ます。そこで「無我の我」という「無相の自己」（無位の真人《しんにん》）が自覚されるのです。いわゆる「見性《けんしょう》（自己の仏性を見る＝悟り）です。

　そうなると、「生死《しょうじ》」に処して、「大自在」を得て、六道輪廻《ろくどうりんね》の真っ只中でも遊戯《ゆげ》三《ざん》昧《まい》の境地になり、仏に逢うては仏を殺し、祖に逢うては祖を殺す、「独尊仏」の「自由」の境地を得ます。さあ、諸君、ふだんの気力を尽くして、この「無」の字に参じなさい。もし間断《きれめ》なく努めたら、きっと灯明に火がつくように、はっと悟れるぞ、というのです。

無門は頌《うた》って言う――
[二〇]犬の仏性、「州云く、無！」
[二一]正法《しょうぼう》そっくりひっさげた。
有・無にわたると、
すぐに生命《いのち》とり。

## 4　趙州《じょうしゅう》の柏樹子《はくじゅし》

（第三十七則　庭前柏樹《ていぜんはくじゅ》）

[一]趙州《じょうしゅう》は、僧が、
「祖師達磨《だるま》大師《だいし》がインドから中国に来て伝えようとした心とは何か」
と尋ねたので、
「庭さきの[二]柏《このてかしわ》の木だ」
と答えた。

---

公案はこれだけです。僧は、「祖師西来意」（達磨がインドから中国へ来て伝えた仏法の精神）を問うたのです。「禅道仏法の真髄」とは何かということです。禅の極意が「庭さきの柏の木だ」というのは何のことでしょうか。

わが白隠下の室内では、「趙州無字」とか「隻手音声《せきしゅおんじょう》」とか「本来面目」の公案とともに、「四大甘露門《かんろもん》」と称して、昔からよく初関の公案として用いてきました。

こうした公案を、白隠下では、「法身《ほっしん》」の公案と言います。「法身」は「色身」（肉体）に対する語で、「〈仏陀〉は〈法〉をもって身となす」と言って、「法」即「自」で、「無相の自己」すなわち〝真人〟ないし「真如」すなわち〝宇宙の真実在〟の意です。

『無門関』はここで打ち切ってありますが、原典の『趙州録』では、これも以下の問答が続いています。

僧、「老師、外境の物（客観）で人に示さないでください」
師、「私は外境の物で人に示したりはしない」
僧、「祖師達磨大師がインドから来て伝えようとした心とは何ですか」
師、「庭さきの柏の木だ」

これで見ると、趙州のいう「柏樹」は、主観（人）と客観とが分かれたうえでの客観の物（境）としてのそれではなく、主客未分以前の、「物我一如《もつがいちにょ》」の、天地ひた一枚の「柏樹」だということが分かります。このとき、「趙州」その人が「柏樹」そのものなのです。

釈尊は菩提樹の下で深い禅定《ぜんじょう》に入って、自我を「空」じて「無我」の境地に入っていられた（打成一片《たじょういっぺん》）ときに、暁の明星のまたたきを一見して、禅定の「無我」が破れて、「無我の我」という「本来の自己」を自覚（驀然打発《まくねんたはつ》）されました。そのとき釈尊は、「あ、私が光っている！」と叫ばれたに違いないと、山田無文老師は言われます。それは「物我一如――自他不二《ふに》」の私です、「無相の自己」（無位の真人《しんにん》）の自覚です。

雷がピカリと光ってゴロゴロと鳴ります。端的には我（主観）もなく世界（客観）もなく、ただピカリ、ゴロゴロッだけです。その「直接経験」には自・他の〝差別〟を入れる余地はありません。ただその〝平等〟の「直接経験」が破れて、こちらに主観としての私がいて、向こうに客観としての陽電気と陰電気とがどうとやらしてというのは、もう主観と客観が分かれた後の話です。禅は、どこまでも「主客未分以前」の〝純粋経験〟のところに、「無我の我」を自覚する「悟り」の道です。

無門は評して言う――

三　もし趙州の答えたところを、ぴたりと見て取ることができたなら、過去仏の釈迦も未来仏の弥勒《みろく》もないだろう［ただ即今《いま》・此処《ここ》・自己《じこ》の独尊仏だけだ］。

無門は頌《うた》って言う——
[四]言葉は事実を展開し得ない、
[五]語句は機微にふれてこない。
言葉をそのまま受け取る者は［原事実を］失い、
語句に執《とら》われる者は迷う。

## 5　香厳《きょうげん》の樹《き》のぼり

（第五則　香厳《きょうげん》上樹《じょうじゅ》）

[一]香厳《きょうげん》和尚は言った、
「［禅の大事は］、人が樹《き》にのぼるようなものだ。口で樹の枝をくわえてぶらさがり、手は枝をつかまず、足も樹をふんでいない。[二]そんなとき樹の下に人がいて、
『達磨《だるま》がインドからやってきた心神は何か』
と尋ねたとしたら、もし答えなければ彼の質問に背くことになるし、もし答えたら樹から落ちて身命《いのち》を失うことになろう。[三]まさにこのようなとき、どう答えるか」

---

公案は、香厳智閑禅師《きょうげんちかんぜんじ》（？—八九八）の示衆《じしゅ》（門下の大衆に教示した言葉）です。香厳は例の「聞声悟道《もんしょうごどう》」（音声《おんじょう》を聞いて道を悟る）で有名な、潙山《いさん》門下の秀才和尚です。

香厳禅師は言いました、「人が木にのぼったとする。口で枝をくわえてぶらさがり、

手は枝をつかまず、足も木をふんでいないとして、木の下の人が、『ダルマがインドからやってきて中国に伝えようとした禅の精神は何ですか？』と尋ねたとき、もし答えなかったら、せっかくの彼の質問に背くことになるし、といって答えたら、落ちて生命を失ってしまう。さあ、このようなとき、お前たち、どう答えるか」。

本則は、「公案」に続いて、無門和尚の「評唱」を読んだほうが分かりやすいと思います。

無門は評して言う——

[四]たとえ滝の水のような滔々《とうとう》たる弁舌《べんぜつ》も、ここではまったく役に立たぬ。[五]また一大蔵経を説くことができても、やはりなんの役にも立たぬ。[六]もしここでぴたりと応答できたら、これまで死んでいたものを活《い》かし、これまで活きていたものを殺してしまうことになろう。[七]あるいは対応できないなら、まっすぐ釈迦滅後五十六億七千万年の未来を待って、弥勒菩薩《みろくぼさつ》にでも尋ねよ。

たとえ滝の水が落ちるようなすばらしい弁舌があっても、ここでは一切役に立たないし、また大蔵経を説くことができたとしても、このさいその才能もまるっきり使えない。もしここでぴたりと答えることができたら、これまでの死人を活かし、逆に生者を死なすという、教育の上でも自由を得よう。しかし、それができないようなら、未来仏の弥勒菩薩の当来を待つよりない。そんな人間はそれまでだ、と。

　進退きわまる生死の危機にのぞんでこれを逃避するのは、禅者の取らぬところです。避けず、そらさず、真《ま》っ向《こう》四つに取っ組んで、当面の問題にぶつかってゆくのです。避けず、逃れず、ごまかさず、ほかの何物をもってもまぎらすことなく、その時その場のものに〝なりきって〟ゆくとき、道は自然に開けてきます。そこに、避けず逃れず、そのままで、「苦中に楽ある」消息が自得されてくるのです。

　良寛禅師《りょうかんぜんじ》の手紙に、「災難に逢う時節には、災難に逢うがよく候《そうろう》。死ぬる時節には、死ぬるがよく候。これは災難を逃るる妙法にて候」というのがありました。

無門は頌《うた》って言う――

[八]香厳はほんにデタラメ、
根性《こんじょう》の悪さ限りなし。
[九]禅僧の口を黙らして、
全身に幽霊の眼をギョロつかす。

# 6　首山《しゅざん》の竹篦《しっぺい》　（第四十三則　首山《しゅざん》竹篦《しっぺい》）

一首山和尚《しゅざんおしょう》は竹篦《しっぺい》を取って門下の大衆《だいしゅ》に示して言った、

二「君たち、もし［これを］竹篦だと呼べば触《ふ》れるし、竹篦と呼ばなければ背《そむ》く。三君たち、まあ言ってみよ、［これを］何と呼ぶか」

---

首山省念《しゅざんせいねん》禅師（九二六―九九三）は、臨済《りんざい》義玄の五世の法孫で、『法華経』に精通していたので、「念法華」という仇名《あだな》がありました。この公案も、また首山禅師の門下の大衆《だいしゅ》（道場に集まった修行僧、すなわち雲水《うんすい》たちのこと）への、示衆《じしゅ》（大衆への教示《きょうじ》、「垂示《すいじ》」とも言います）です。この則も、無門和尚の「評唱」を続いて読んだほうがよいでしょう。

無門は評して言う――

四竹篦と呼べば触れるし、竹篦と呼ばなければ背く。五有語《うご》であることもできない、

無語であることもできない。さあ言え、さあ言え。六

首山禅師は、竹篦を取って門下の僧に示して言われました、「これを竹篦だと呼べば触《ふ》れるし、竹篦と呼ばなければ背《そむ》く、まあ言ってみよ、何と呼ぶか」。「竹篦」は、師家《しけ》（禅の道場の指導者）が学人《がくにん》（修行者）を導くときに手に握っているる法具で、竹をひらがなの「へ」の字形に曲げて作ったものです。これには「しっぺい」という「名」がついていますから、誰もが「しっぺい」と呼びます。しかし、禅師は、「竹篦」を竹篦と呼ぶと、「触れる」と言うのです。「触」は、〝ふれる、犯す、逆らう〟というような意です。どうしてでしょうか。それは仏教では、「真如《しんによ》」（「如」は、〝ありのまま、そのまま〟の意）には、本来「名」はないと考えるからです。本来「名」のないものに「名」をつけてその「名」に執《とら》われて迷うのが衆生です。だから、竹篦を竹篦と呼ぶこと自体が、「如」に「触れる」のです。

だからと言って、竹篦は竹篦以外の何物でもないでしょう。ちゃんと「竹篦」という「名」があって、世間はそれで通っていますし、もしこれを「金棒《かなぼう》」（鉄棒）などと言ったら、それこそ日常生活は混乱に陥ってしまいます。そこで、禅師もまた、竹篦を竹篦と呼ばなければ、［原事実］に「背く」と言うのです。「背く」は〝背を向け

る、そむく、違反する〟の意ですから、「触」と言っても「背」と言っても、まあ似たようなことで、要するに「如」に〝そむく〟ことでしょう。

そこで、首山禅師は、「君たち、まあ言ってみよ、何と呼ぶか」と言われます。しかし、無門和尚はもっと強く「何か言ってもダメだ、何も言わなくてもダメだ。さあ言え、さあ言え」と、つめよります。「且道《しゃどう》」（まあ言ってごらん）と「速道《そくどう》」（さあ、言え）とは語調の上の緩急が違います。

それはさておき、前則の「香厳上樹」と本則の「首山竹篦」という二つの公案を並べてみますと、そこに一つの共通点があることに気づかれるでしょう。禅者は衆生が「日常」の中に埋没して似而非《にてひ》なる「平安」に眠り込んでいるのを目覚ませようとして、「日常」の底にひそむ「危機」を見せるために、修行者を「極限状態」に追い込むのです。香厳は、修行者を「どうすることもできない」ところに立たせようとしているのです。いや、ほんとうは、我々一人一人が、「即今《いま》どうしてもいけない」というところに立っていることに気づけというのです。また首山は、修行者を「何と言うこともできない」ところに追いつめます。いや、ほんとうは、我々一人一人が「即今なんと言ってもいけない」ところに立っていることに気づけというのです。

「日常」そのものが、実はそうした「危機」なのだというのです。進退きわまる。こうした生死の「危機」に臨んで、避けず逃れずごまかさず、それと真《ま》っ向《こう》四つに取り組んで、この実存の大問題にぶっつかってゆくのが禅の道なのです。

ＦＡＳ禅を提唱された抱石居士《ほうせきこじ》久松真一《ひさまつしんいち》先生創始の「基本的公案」に、「即今《そっこん》何と言っても、何を行なっても、イケナイと言われたら、どうするか」というのがあります。まさしく、「無字」の公案に、「香厳上樹」と「首山竹篦」の公案を加えて、その精髄を抽出した公案です。

しかし、何もこれは久松先生の独創ではありません。思えば、私などは、先師寒松《せんしかんしょう》室《しつ》（宮田東珉《とうみん》）老師の室内で、「隻手音声《せきしゅおんじょう》」の公案に参じて、前後七年間この公案に苦しんだあいだに、自然に久松先生の言われるようなところに突き当たりました。私も初めのうちは、室内で禅問答のようなことを、あれこれ述べていました。そのうち何も言うことがなくなりました。それで白隠《はくいん》禅師の公案だということから、白隠禅師の書いたものの中に何かヒントがあるだろうと考えて、本を買って来て読みました。そうしたら、老師に、「あんたも気の毒な人だ。生《なま》じっか本が読めるので、読んではカス妄想を仕入れてくる。衲《わし》に振られる材料をせっせと仕込んできては、チリリンと振られるばかりだ」と言われて、やっと、これは本を読んではダメだと分かりました。

それからも、いろいろやってみましたし、言ってもみました。しかし、老師はただ否定されるばかりでした。こんなことなどやめてしまおうかと考えても、室内の老師を見ていると、何か分からぬが私の体験したことのないものを確かに経験していることがはっきり分かるので、やめるにやめられないのです。そうして七年、しまいには、「何と言っても、何をしても、いけない」という境地に、知《し》らず識《し》らずのうちに追いこまれました。そのうちに公案と自分と「打成一片《たじょういっぺん》」（「趙州無字」の公案の解説参照）という境地に入って、ある縁で、「驀然打発《まくねんたはつ》」（同上）して、やっと「ノミのキンタマ八つ割り」という「見性《けんしょう》」経験を得ました。

だから、何も久松先生のような「公案」を作ることは要《い》らない、とも言えるのです。ただ先生の門下に集まった人々が、京大の秀才たちであったから、私などのやったような伝統の公案よりも、あんなふうに理屈っぽく言われたほうが、ピンと来たということでしょう。「人を見て法を説け」（対機説法《たいきせっぽう》）ということです。

無門は頌《うた》って言う――

　[七]竹篦取り出し、
生かすか殺すかの法令《ほうれい》を行なった。

[八]背くと触れるとでこもごも攻めたてられては、
仏陀も祖師も命乞《いのちご》いをするだろう。

# 7　百尺竿頭《ひゃくしゃくかんとう》の人《ひと》

（第四十六則　竿頭進歩《かんとうしんぽ》）

一　石霜和尚が言った、
「百尺の竿《さお》の頭《さき》で、どう一歩を進めるか」
二　またある古徳が言った、
「百尺の竿の頭に坐っている人は、［道に］入ることができたといってもまだホンモノではない。三　百尺の竿の頭で一歩を進めて、十方世界に［自己の］全身を実現せねばならない」

---

石霜楚円禅師（九八六―一〇三九）は臨済下七世で、その門下に黄龍《おうりゅう》・楊岐《ようぎ》の二流を打ち出した慈明《じみょう》です（無門慧開はその九世の法孫に当たります）。彼は言いました、「百尺の竿《さお》の先で、どう一歩を踏み出すか」。

「百尺の竿頭」とは、どんな所か。それは、ずばり言えば、無門和尚の言う「打成《たじょう》一片《いっぺん》」の禅定三昧《ぜんじょうざんまい》の境地です。それは、白隠禅師の言うように、四方八面氷の山に閉じこめられたような澄みきった心境です。それは尊い得がたい体験の世界ではありますが、そこに住《とど》まったのでは悟りは開けません。そこで大切なことは、そこからどう一歩を進めるかです。

またそこを、ある古徳、すなわち馬祖下三世で、南泉の弟子の長沙景岑《ちょうさけいしん》（生寂不詳）は言いました。「百尺の竿の先に坐っている人は、道に入ることができたと言っても、まだホンモノではない。百尺の竿の先で一歩踏み出して、十方世界に自己の全身を実現せねばならない」。

「打成一片」の澄みきった心境に入ると、「あ、これが身心脱落《しんじんだつらく》ということか」などと、みずからその境地を肯《うけが》ったりする誤りに陥ります。しかし、そこはまだ悟りの境地ではありません。そこからさらに一歩を進めてこそ、「天地と同根、万物と一体」という「全身」（「宇宙的無意識的自己」・「無相の自己」）を自覚体認できるのです。この「進一歩」のことを、無門和尚は先に「驀然打発《まくねんたはつ》」と言ったのです。

前二則のように、「何も言えない、何をすることもできない」、せっぱつまった状況に修行者を追い込むのも、またいわゆる「打成一片」の「大疑《だいぎ》現前」境に入らせるためです。そこではいっさいの「分別」は役に立ちません。そこで必要なのは分別の主体である「自我」の死です。それを「禅定《ぜんじょう》」と言うのです。そこが「百尺竿頭」です。そこをさらに「進一歩」すると、自我が死んで自己が活きる「悟り」の境地に出ます。この体験を「大死一番、絶後に蘇《よみがえ》る」というのです。これが無門和尚のいう「驀然打発」で、「本来の自己」の自覚で、「悟り」です。これを「囫地《かじ》一下《いちげ》」の時節ともいいます。「死んで生きるが禅の道」です。

「成道《じょうどう》の要訣」は「戒《かい》・定《じょう》・慧《え》の三学」です。「持戒」で誓って自《みずか》ら日常生活を規制します。そうすると身心《しんじん》が調えられます。そうしたよく調えられた身心をあげて、全身全霊で公案に集中します。それが「大疑」です、「禅定」です、〝無我三昧〟です。自我や分別を否定するために修行者を追いつめるのも、そのためです。目的は「禅定」の「無我」体験です。その禅定の〝百尺竿頭〟から〝進一歩〟して、禅定が破れるとき、「般若《はんにゃ》」の智慧（霊性的直覚）が体得されるのです。「無相の自己」に目覚めるのです。

無門は評して言う――

[四]「百尺竿頭に」一歩を進めることができ、「十方世界に」自己を生まれ変わらすことができるなら、そのうえどこを嫌って「世」尊といえない所があろう。[五]それはそうだが、まあ言うてみよ、百尺の竿《さお》の頭《さき》で、どう一歩進めるか。[六]ああ！

竿頭に一歩を進めることができ、十方世界に自己を生まれ変わらすことができるなら、そのうえどこを嫌って世尊と言えない境地があろう、どこも仏である。それはそうだが、まあ諸君言うてみよ。どう百尺竿頭で、一歩を進めるか。――こう言って、無門和尚、自ら感嘆して言うのです、「ああ！」。

無門は頌《うた》って言う――

[七]悟りの眼をつぶし、
秤《はかり》の目盛《めも》りを読み違う。
[八]生命《いのち》を捨ててこそ、
一人の盲人が多くの盲人を手引きできる。

# 8　奚仲《けいちゅう》の車造《くるまづく》り　（第八則　奚仲《けいちゅう》造車《ぞうしゃ》）

一月庵《げったん》和尚が僧に問うた、
「奚仲《けいちゅう》は車を一百輛も造ったが、彼はその車の両輪と車軸とを取り去ってしまったという。二このことはどんなことを明らかにするのか」

---

月庵《げったん》善果禅師（五祖法演の孫弟子、無門和尚の三代前の法祖父、一〇七九―一一五二）は修行僧に尋ねました、「昔の車造りの名人の奚仲《けいちゅう》は、何台も何台も車を造っては、両輪を取り去り、車軸を取り除きして、みな分解してしまったという。彼はどんなことを明らかにしようとしたのだろうか」。

公案はこれだけです。いったい何のことか。これは、修行者に、大乗仏教の中心思想である「空《くう》」ということ（「無」と言っても同じです）を、体験的にはっきり把捉させるための公案だと言ってよいと思います。車の両輪をはずし、心棒も取り払ったら、その後に何が残るか。何にもない、空になります。『老子』に「車を数うれば車なし」という句があります。月庵の言うように、「両頭を拈却《ねんきやく》し、軸を去却《こきやく》して」、車を構成しているそれぞれの部分を、これは車輪だ、これは車軸だ、と数え上げて「いちいち解体して取り去って」いけば、車の存在はなくなり、ついには「空」（無）に帰してしまうというのです。

古人は、それを「引き寄せて結べば柴の庵《いおり》かな、解《と》くれば元の野原なりけり」という道歌にしました。武蔵野の原に樹を切って柱を立て、茅《かや》で屋根をふき、泥で壁《かべ》をぬって、いろいろのものを引き寄せて庵を結んだとします。その庵も、人が住まなくなって、年古《ふ》りて雨や風にさらされて、分解するとそのうちに何もなくなって、また元の野原だけになってしまうというのです。

「諸行は無常」です。この世には永遠不変の〝常あるもの〟は何一つありません。「万物は流転《るてん》」します。すべてのものは流れて、何物も留まりません。『聖書』にも、「ああ、空の空なるかな」という句がありました。こうした否定的な「空」の見方を、仏教では小乗の「析空観《しゃくくうかん》」と言います。大乗の「体空観《くうかん》」はそれとは違うというのです。

そのことを『般若心経』では、まず「色即是空」（「形あるもの」が、そのまま「空」である）と言って、すぐに打ち返して「空即是色」（その「空」はそのまま「形あるもの」である）と言っています。花が散るところにだけ「空」を見るのは、「偏空」と言って、片寄った見方です。「真空」は花が真っ盛りに咲いているところにも、またはらはらと散ってゆくところにも、「空」の相を見るのでなければなりません。「舎利子見よ空即是色花ざかり」（小笠原長生）です。これをまた、「花は咲き咲き常住、散り散り常住」と言います。

「諸行無常」と言いますが、「常住」を「無常」を離れたところに求めないで、言わばその「無常」の真っ只中に「常住」（流転せずに常に住《とど》まる）を見ていくのを、先の小乗《しょうじょう》の「析空観」に対して、大乗《だいじょう》の「体空観」と言うのがそれです。

公案は「一則一則、別見解《けんげ》」と言って、必ず公案ごとに法理があります。しかし、その法理を思想として見るだけでは、公案の研究にはなっても、公案の参究にはなりません。禅は体験の宗教です。それで、そうした法理を自身の体得底《たいとくてい》（体得したもの）として、どう師匠の前で体現して示すかが、公案に参ずる禅の修行者の問題です。

仏祖のおしかりを覚悟のうえで、少し室内の秘密を漏らしてみましょう。

「千里向こうの灯火《ともしび》を消してみよ」という公案があります。

これは、主観（自己）と客観（灯火）とが二つに分かれたところで見るかぎり、不可能事です。しかし、主客未分（西田寸心）の「不生《ふしょう》の場」（盤珪）に立てば、こんなことくらい朝飯前です。ぷっと吹いて、「はい、消しました」と言った修行者がいました。師匠は「それではまだ〈析空観〉だ」と言いました。次の入室《にっしつ》で、その修行者は、坐ったまま両掌を頭上に合わせて、みずから一大灯明になりきって、「メラメラ、メラメラ」と燃えてみせました。天地ひた一枚の灯火です。もう消すの消さぬのという分別の入り込む余地はありません。師匠は静かに微笑しました。

無門は評して言う――
三 もしも「このことを」ずばりと明らかにすることができたら、その人の眼（見処）は流星のようで、その働き（用処）は稲光りのようだ。

無門は頌《うた》って言う――
四 その働きの輪の転ずるところ、
五 達人でさえ迷う。
その転ずる場は、
上下四維・東西南北「十方いたるところだ」。

## 9　異邦人《いほうじん》になぜ鬚《ひげ》がない　（第四則　胡子無鬚《こすむしゅ》）

或庵《わくあん》は言った、
「西天《にし》の異邦人になぜ鬚がない」

公案はこれだけです。白隠禅師は、「オランダ人になぜ鬚がない」と言い直されました。オランダ人は、実際かなりの鬚面です。そのひげむくじゃらのオランダ人に、どうして鬚が「無い」と言うのでしょうか？　ここに「東洋的無」の秘密があるのです。

南泉禅師は、「このごろの連中ときたら、このひと株の花を見ても、まるで夢を見ているようだ」と言われました。私どもが「有る」と思っているものは、「自我」にしろ「世界万物」にしろ、実は夢幻空華《くうげ》にひとしいのです。夢や幻には実体はありません。空華は眼病の人が空中にありもしない花を見るのを言います。どうしても自我を一度徹底的に否定して、先に述べた「無」の公案に実参する必要があります。東洋的「無」がまず否定門・掃蕩《そうとう》門と言われるゆえんです。禅の師家《しけ》がよく「座布団上で死にきれ」とも「大死一番してこい」とか言うのがそれです。そこで体得された境地を「平等」とも「真空無相」とも言うのです。

しかし、すでに先にも見たように、真実の「無」――真の「平等」――は、そのまま真実の「有《う》」――真の「差別」――でなければなりませんし、「大死一番して、絶後に蘇息する」と言われますように、「否定・掃蕩」はただちに「肯定・建立《こんりゅう》」でなければなりません。ここに真の差別、真実の個物存在が現成《げんじょう》します。先の南泉禅師の語は、私どもにこの「真如」を見させようとする慈悲のお心です。これを初めの凡夫の見る「有」に対して、「妙有《みょうう》」（凡夫の思議を絶した存在）と申します。「真空無相即真空妙有」、ここに「東洋的無」（般若の空の哲学）の玄旨があるのです。「真人《しんにん》」が「真如《しんによ》」を見るのです。端的にこれを「如《によ》」（Is-ness）と言って、この「如」を見るところに禅にいう「見性《けんしょう》」（「性」を見る。「性」は「自性」「仏性」のこと）＝頓悟（はっと悟る）」の内実があるのです。

こんな解説をすると、「胡子無鬚」の公案が、哲学的思想みたいになってしまいます。そこで、無門和尚は言われます――

無門は評して言う――

[二]禅に参ずるなら真実の参でなければならない。悟りもまた真実の悟りでなければならない。[三]この外国人（胡子）には、ぜひ一度親しくお目にかからねばならない。[四]いや、親しくお目にかかるといっても、もうすでに二つになってしまう。

禅はどこまでも体験なのですから、自身ひげむくじゃらの達磨大師となってみるよりほかにありません。へたに思想的な「空」の哲学などをふりまわすと、禅は死んでしまいます。

だから、無門和尚は言うのです、「参は実参でなければならぬ、悟は実悟でなければならぬ。この胡子《こす》（鬚だらけの異邦人）に、実に一回親しくお眼にかからねばならぬ。いや、親しく逢うといっても、もう逢う者と逢われる者とが二つになる」と。みずから鬚だらけの胡子となれ、達磨となれ。

無門は頌《うた》って言う――

[五]馬鹿者の前で、
夢説くな。

六
ダルマ鬚なし、
余計なお世話。

「異邦人にひげがない」などと、痴人の面前で夢を話すと、馬鹿者どもが、それに執われて、禅の思想などと説き始めます。この公案自体が、はっきりしたものを、わざと分からなくするようなものだ、ひっかかると、とんだ間違いを犯すことになるぞ、というのです。

「頌」の転結の句は、直訳すると、「〈異邦人にひげがない〉など、はっきりしているのを、わざわざ分からなくするようなもの」です。原語は、「惺惺《せいせい》に懵《もう》を添う」で、〝はっきりしたものをわざわざ不明にするようなものだ〟と言いますが、実は公案のこの「甚《なん》に因《よ》ってか鬚なき」という「甚に因ってか」という語（原文では「因甚」の二字）に、或庵禅師の溢れるばかりの慈悲を見なければならないのです。これを「東山下の暗号密令」と言って、ここに「公案」の真の生命があるのです。

毎日何の気もなく平気で飲んでいた一椀の茶が、あらたまった茶室のなかでは、どうして自由に飲めないのでしょうか。しかし、この「なぜ」「どうして」というストップが、実に人間が人間になる第一歩なのです。そこからいっさいの「文化」が生じてくるのです。そして、茶席いったんの不自由が乗り越えられて、ふたたび自由な茶が無心に飲めるようになることが、茶道の極意であるように、「因甚」と問いかけて真にこうした〝問いのまったく気にかからぬ〟「自由」な境涯を得させるところに、「東山下の暗号密令」(「東山下」というのは、中国公案禅の大成者五祖法演が、黄梅の東山にいたので、五祖下の公案禅のことをいいます)の真意があるのです。そこに、〝問いかけて、もはや問うことの要らぬ境涯〟を得させよう、という禅者の「慈悲」を見ることが大事です。

# 10　倶胝《ぐてい》の一本指《いっぽんゆび》　（第三則　倶胝《ぐてい》竪指《じゅし》）

[一]倶胝和尚は、何か質問を受けると、いつもただ一本の指を立てるだけであった。

[二]のちに、倶胝の寺に一人の小僧がいて、寺の外の人に、

「老師はどんな法を説くか」

と訊《き》かれて、[三]和尚のまねをして同じように指を立てた。[四]倶胝は、これを聞くと、小僧を呼んでその指を斬り落とした。[五]小僧は痛さのあまり大声をあげて泣きながら、室外に出ようとした。[六]倶胝はふたたび小僧を呼んだ。[七]小僧は振り返った。[八]そのとき今度は倶胝が指を立てた。[九]小僧ははっと悟った。

[一〇]倶胝は臨終に当たって、門下の僧たちに言った、

[一一]「私は天龍老師の〈一本指の禅〉を身につけて、一生使って使いきれなんだ」

[一二]こう言い終わって死んだ。

倶胝禅師（馬祖の法嗣《はっす》の大梅法常三世の法孫）は何を問われても、いつも黙ってただ指を一本立てるだけでした。

のちに、寺に小僧がいて、よその人に、「君のところの老師はどんな説法をされるか」と尋ねられると、禅師のまねをして同じように指を立てました。それを聞くと、禅師は小僧を呼んで、いきなり刃物で小僧の指を切り落としました。痛くてたまらずに、小僧は大声で泣き叫んで逃げ出しました。そのとき、禅師はまた小僧を呼びました。小僧が振り返りますと、今度は禅師がすっと自分の指を立てました。小僧も、つられて指を立てようとしましたが切り落とされて指はありませんでした。そこで、小僧ははっと悟るところがありました。

ある本によって、ちょっと文章を変えて述べましたが、公案はこんな話です。

倶胝禅師は、死に臨んで弟子たちに言いました。「私は天龍老師の〈一本指の禅〉を体得して、一生使って使いきれなかった」と。

倶胝禅師が、「一指頭の禅」を体得したのには、実は次のような因縁がありました。

――禅師は、初め、みずからもう一人前の僧侶だと自負して、小さな庵に住んでいました。

ある日、尼さんが訪ねて来ました。その尼さん、なかなかの傑物と見えて、笠をかぶったまま庵に入って来て、行脚《あんぎゃ》の錫杖《しゃくじょう》を突きならしながら、禅師の坐っている椅《い》子《す》の廻りを三べん廻って、面前に突っ立って、「あなたが何か悟りに契《かな》った一句を言えたら、笠をぬぎましょう」と言いました。こうして、三度質問されて、三度とも何とも答えられなかった禅師でした。それでも親切に、「日も暮れたことだし、今夜は投宿していかれてはどうです」と言いました（見事に、みずから一句言い得ているのです。「百姓《ひゃくせい》は日に用いて、之《こ》れを知らず」でしょうか）。

その尼さんは、どこまでも俗情に落ちず、「あなたが答えることができたら、泊《と》めていただきましょう」と、なおも迫りました。けれども、禅師は何とも言うことができませんでした。

尼さんは袖を払って立ち去ってしまいました。

その晩、倶胝禅師は、我ながら情けなくて眠れませんでした。「自分は男子でありながら、男子の気概がない。よし、庵を捨てて行脚に出て、よい師匠を求めて再修行して、真実の悟りを得なければならない」と、こう思いました（「よきかな識羞《しきしゅう》の二字」です。「識羞」は〝恥を知る〟の意です）。

しかし、そのとき、鎮守の神さまが夢の中に現われて、「よそに行くには及ばない。近いうちに肉身の菩薩が来て、あなたを教えてくださるであろう」と言いました。はたして、十日ほどして天龍老師（馬祖下の大梅和尚の法嗣《はっす》です。生寂不詳）が、倶胝の庵に立ち寄られました。

禅師は、ただちに一切を告白して教えを乞いました。そのとき、天龍老師はただ黙ってすっと一本の指を立てられました。これを見て、倶胝は豁然《かつねん》と悟りました。それ以来、禅師はただ一本の指を立てるだけで、参学の僧を教化《きょうけ》して、別に何の提唱も説法もしなかったのです。古人は、ここに、「不見西湖林処士、一生受用只梅花」（見ずや、西湖の林処士、一生の受用《じゆゆう》只だ梅花）という語を著《お》いています。一生涯ただ「一指の禅」だけを使ったというのです。

自我を忘じて（自我否定――真空無相）、無心にすっと指一本立てる（自己肯定――真空妙有）。天地ひた一枚の「一本指」です。言わば、倶胝禅師は、「一指頭」の中に天地をおさめて、端的に「〈差別〉の〈平等〉」を示したのです。いや、そこはもう「差別」の「平等」のという、こちたき理論などすっかり忘れて、ただ（只管《しかん》）無心に、すっと一本の指を立てただけです。

みなさん、さあ、無心に、ただ指を一本立ててみませんか。そこに何かありますか。煩悩がありますか菩提《ぼだい》がありますか。要するに、指を立てる主体が問題なのです。自我（衆生）が指を立てたのではダメです。無相の自己（仏陀）が指を立ててこそ、仏作仏行《ぶつさぶつぎょう》（仏陀の働き）と言えます。それでこそ、「天龍一指頭の禅」です。そこを、道元禅師は「本証（本来証悟の自己＝仏）の妙修《みょうしゅ》（凡夫の思議を絶した働き）」と言われました。「般若」（心性本清浄）の自発自展としての「波羅蜜多《はらみた》」（完成）の「只管行《しかんぎょう》」です。「威儀即仏法・作法是れ宗旨」です。そこに「平常心是道」の生活禅があります。

　小僧も初めは禅師のものの真似でしたが、指を切り落とされて、天地ひた一枚の痛みになりきり、思わず自我を忘じて、その「無」の境地の真っ只中で（「本来の自己」である「真人」が）、師匠の立てた「一本の指」（真如）を見て、はっと「一指頭」の禅に契当《かいとう》したのです。

　倶胝禅師は、臨終のとき、「自分は〈天龍一指頭の禅〉を得て、一生使って使いきれなかった」と言いました。私は晩年の平塚らいてう女史を訪ねて、女史が若き日の両忘庵での見性《けんしょう》を、一生使って生きられたことを聞いて、深く感動し、女子大の禅会でよく「平塚先生のように、一生使って使いきれないものを、大学生活の中で経験する者は幸せだ」と語りました。このことは、私の本のどこかに書いておきました。

### 無門は評して言う――

倶胝[一三]と童子（小僧）とについて言うと、その悟りのところは指先の上のことではない。[一四]もしそこが分かったら、天龍と倶胝と小僧と、自己と一串《ひとくし》に貫くことになろう（悟れば、みんな釈迦《しゃか》牟《む》尼《に》仏だ）。

無門は頌《うた》って言う——

倶胝[一五]は天龍さまを馬鹿にして、
[一六]利刃ひっさげ小僧をテスト。
巨霊《これい》の神の造作なく、
手をあげ分けた大華山。

巨霊は、中国の神話の神で、華山と首陽山はもと一つの山であったのを、巨霊神がこれを二つに引きさいて二分し、黄河の洪水を静めたという話によるものです。

# 11　世尊《せそん》、大衆《だいしゅ》に花《はな》をしめす

（第六則　世尊《せそん》拈花《ねんげ》）

[一]世尊は、昔、霊鷲山《りようじゆせん》の集会で、華を取ってみんなに示された。[二]そのとき、みんなは黙っていたが、ただ迦葉尊者《かしようそんじや》おひとりだけが、にっこり微笑《みしよう》された。[三]世尊は言われた、

「私に正法眼蔵《しようぼうげんぞう》・涅槃妙心《ねはんみようしん》・実相無相《じつそうむそう》という微妙《みみよう》の法門がある。[四]不立文字《ふりゆうもんじ》・教外《きようげ》別伝《べつでん》というやり方で摩訶《まか》迦葉に付《わた》した、迦葉嘱《たの》んだぞ」

---

世尊（シャーキヤムニ・ブッダ）はむかし霊鷲山の集まりで、一枝の花を取りあげて大衆《だいしゆ》の面前に示されました。そのとき、人間天上八万四千の大衆は、せきとして声なくみな黙然《もくねん》としているだけでした。ただ迦葉尊者がおひとり、それを見てにっこり微笑されました。世尊は言われました、「私に正法眼蔵・涅槃妙心・実相無相という微妙の法門《おしえ》がある。不立文字《ふりゆうもんじ》、教外別伝という仕方で、私は今これを摩訶迦葉に付嘱《ふぞく》する」と。

これは禅宗の起源といわれる有名な公案です。「四十九年、未顕真実」、きょうこそこれまで四十余年の説法で顕わさなかったとっておきの説法をすると言われるので、どんな奇特な教えがあろうかと期待して、待ち望んでいた大衆の前に、その日、大梵《だいぼん》天王《てんおう》という在家の信者が供養《くよう》した一枝の金波羅華《こんぱらげ》（蓮の花の一種だと言います）を世尊は黙ってただすっと示されました。もうみなさんには、天龍「一指頭の禅」でおなじみのところです。その「拈華《ねんげ》」の端的に「正法眼蔵・涅槃妙心」そのまま全体露現であることを、みなさんお見抜きでありましょう。そのときその世尊の「拈華」を、ひとり迦葉尊者だけがにっこり「微笑」して受けとめられたのです。唯仏与仏《ゆいぶつよぶつ》――ただ仏と仏と――両鏡相対《りょうきょうあいたい》して中心影像《ようぞう》なしです。このようにしてはじめて大法は、師から弟子へと相続されるのです。そのとき文字を立てず（不立文字）、教えの外に別に伝える（教外別伝）という「以心伝心《いしんでんしん》」というやり方で、いま法を迦葉に付《わた》した、迦葉よ、嘱《たの》んだぞ、と言われた釈尊でした。これ以後、伝統の禅の印可のあり方は、師は、ただ弟子が自分と同じ境涯に到達したとき、「そこだ」とそのことを証明するだけなのです。

禅は「仏心宗」と称し、「仏教の総府」と言います。釈尊から迦葉へ、迦葉から阿《あ》難《なん》へと「仏心」を伝え、西天の四七すなわち達磨大師は初祖迦葉尊者から、四・七＝

二十八番めの祖師であり、そして東土の初祖達磨から慧可《えか》へ、慧可《えか》から僧璨《そうさん》へ……と、東土の二・三すなわち達磨大師から六代目の六祖慧能《えのう》禅師にいたって、ほんとうに中国化した禅になったのです。

今日の学者は、釈尊の仏法をいわゆる原始経典の中にだけ探ろうとします。そして禅宗などは、釈尊の根本仏教から見れば、はなはだしく変容されたものだと言います。しかし、大乗仏教が「非仏説」であろうとなかろうと、こうして人から人へ、仏から仏へと伝えてきた「人法《にんぽう》」をどうして文献以下に見てよいものでしょうか。長い歴史の変容発展があることは事実でしょう。しかし、長い歴史を貫いて、人から人へと伝えられた釈尊の「正法眼蔵（正しい真理を見る眼）・涅槃妙心（不生不滅の悟りの心）」、そこにこそ仏教の仏教たるゆえんがあるのです。

無門は評して言う――

黄色い顔をしたゴータマは、人もなげなふるまいをして、良民を圧《おと》しめて奴隷にし、羊の頭を店頭にかけて犬の肉を売るような、インチキをされた。六どんな奇特《すき》な説法をされるかと思っていたのに、「なんだ、こんなことか」。七たとえば、あのとき迦葉《かしょう》だけでなく、大衆がみんな笑ったとしたら、正法眼蔵はいったいどのように伝授したのか。[八]「あのとき迦葉が笑ったからよかったが」、もし迦葉が笑わなかったら、正法眼蔵はいったいどのようにして伝授したのか。[九]もし正法眼蔵なるものが、伝授されるものなら、黄色い顔をした爺さん（釈尊）は、「純朴な」村里の人々をたぶらかしたことになるし、[一〇]またもし正法眼蔵に伝授はないというなら、なぜ迦葉ひとりだけを印可したのか。

金色《こんじき》のゴータマは、傍若無人、さながらかたわらに人なきがごとく、八万の大衆たる良民を圧して賤民扱いにし、「未顕真実」とっておきの法を説くなどと、羊頭を掲げて花一枝の狗肉を売る。どんなすばらしい奇特があるかと思うたのに、なあんだそんなことか。あのとき、幸い迦葉が微笑したからよかったが、もしも迦葉が笑わなかったら、「正法眼蔵」をどうして伝える気だったのか。逆にもしあのとき、大衆がみんな微笑していたら、さて大変なことになったろう。そのときはお釈迦さん、「正法眼蔵」をどう伝えた。いったい、「正法眼蔵」に伝授があるというなら、釈迦は、純朴な村人たちをたぶらかすというもの。もし逆に伝授はないというなら、どうしてひとり迦葉だけに嗣法を許したのか。——無門和尚は、こう言うのです。

無門は頌《うた》って言う——
花[二]とりあげて、
しっぽが見えた。
迦葉[三]の微笑、
人・天、処置なしだ。

表面の字面だけを読むと、無門和尚はまるでけんか腰で、「評唱」でも「頌」でも、釈尊に因縁をつけているように見えます。しかし、こんな乱暴な言葉づかいの中に、「正法眼蔵」には伝授があってしかもないという、大事な問題を浮き彫りにし、大法伝統の事実に対して限りない法恩感謝の深意を歌いあげているのです。こういう禅文学独特のレトリックを「拈弄《ねんろう》」と言います。一段高い境地からの一種の〝言葉のスポーツ〟です。

雲門禅師はあるとき、釈尊が誕生したばかりで周行七歩、一指は天を指さし、一指は地を指さして、「天上天下《てんじょうてんげ》、唯我独尊《ゆいがどくそん》」と言われた話を取りあげて、「釈尊のばけものめ、もしもそのとき私がその場にいあわせたら、ぶっ殺して犬に食わせてやったものを」と言いました。雲門禅師はこう言いながら、そのとき教主釈尊の「天上天下、唯我独尊」の境地にみずから立っていたのです。これでこそはじめて真の報恩底の法孫と言えましょう。こういう例で「拈弄」という禅文学独特のレトリックの鑑賞の仕方を会得していただけると幸いです。

# 12　趙州《じょうしゅう》の食器洗《しょっきあら》い

（第七則　趙州《じょうしゅう》洗鉢《せんぱつ》）

[一]趙州《じょうしゅう》禅師はある僧が、
「私は新参の雲水です。どうか老師ご教示を」

と言ったので、
[二]「おまえ粥座《しゅくざ》はすましたか」
と言った。[三]僧が、

「すましました」

と答えると、[四]禅師は言った、
[五]「そんなら持鉢《じはつ》を洗っておけ」
その僧は、はっと気がついた。

---

趙州禅師にある修行僧が尋ねました、「某甲乍入叢林《それがしさにゅうそうりん》――私は道場（叢林）に入門したばかりの新参者です。どうか老師のご教示をお願いします」。

ちょうどこの私の講話を読んでくださる大多数のみなさんが、そうでありますように、禅についてまだ何も知らない初心者の、それだけに純粋な求道《ぐどう》の叫びです。それに対して、禅師は逆に質問の矢を放たれるのです、「朝のお粥はもういただいたか」。禅の道場では朝はきまってお粥を食べます。朝飯はすんだか、という質問です。僧は正直に答えました、「はい。もう頂戴いたしました」。禅師は言われました、「そうか、それならお椀をよく洗っておきなさい」。

公案はこれだけです。しかし、ここに掬《く》めどもつきない禅味があふれているのです。獅子は小さな兎一匹を捕まえるにも、全力をそこに投入すると言います。禅者もまたどんな初心者の質問にもけっして手加減を加えません。常に禅道仏法のギリギリのところでもって答えます。それを専門語で「全体作用《さゆう》」と言います。「宇宙的無意識的」自己が全身全霊をもって作用《はたら》いて、そこに禅そのものをそっくり丸出しにするというのです。

まして、趙州禅師の家風は、「口唇皮上《くしんぴじょう》に光りを放つ」と言って、他の禅匠方のように棒をふるったり喝《かつ》を吐いたりするような荒々しいことをせずに、洗練された言葉の中によく柔軟な禅味と鋭い機鋒をもつ――真に言句のうえに自由を得て、「趙州、舌頭に骨なし」と評された禅匠なのです。

無門は評して言う——
[六]趙州は口を開いて胆嚢を現わし、心臓も肝臓もさらけ出してしまった。[七]それなのに、この僧はほんとうのことが聞き取れずに、鐘《かね》を甕《かめ》だと間違ってしまった。

趙州禅師は口を開いて胆嚢をそっくり現わし、心臓も肝臓も大事な内臓をそっくり露出してしまわれました。しかし、こう何もかもさらけ出して見せられても、はたしてこの僧、せっかくの禅師の真意がほんとうに味わえたかどうか。「其の僧、省《せい》あり」——はっと気がついた、少し悟ったというが、この僧は、禅師の言葉を聞きそこなって、鐘を甕と呼ぶような大間違いをしでかしたのではないか。——無門和尚は、こう言われます。

鐘と甕とは形は似ていますが、実は大違いです。早合点は、危ない、危ない。しかし、こう言っても、この僧の悟りの真偽についての客観的な評価というわけではありません。この公案を見る私どもへの忠告です。公案としては、過去のこの僧のことなど問題ではないからです。要は、即今・只今の私ども自身の体験の真偽です。

この公案は、ただ日常茶飯事のうえに、仏法の大事があることを端的に指示しているのです。それならご飯を食べたり、お椀を洗ったりする、いわゆる日常茶飯事と、禅道仏法とどう関係があるというのでしょうか。結論から言うと、仏法とは生活そのものというのが、ほかならぬ禅者の主張なのです。ここを馬祖禅師は、また「平常心これ道」とも言われました。

ある僧が趙州禅師に尋ねました、「悟りのすんだ人はどうするのですか」

趙州は答えました、「そんな人こそ大いに修行するね」

僧、「老師もまた修行されますか」

趙州、「著衣《じゃくえ》し喫飯《きっぱん》する——衣を着、飯を食う」

僧、「衣を着たり、ご飯をいただいたりするのは、ふだんみんながやることです。老師の修行とおっしゃるのは、何でしょうか」

この純朴な、しかしノロマな僧に対して、趙州はやむなくこう言うよりほかなかったのです。「おまえ。まあ言うてみよ。わしは毎日何をしておるか」

「本証妙修」（道元）です。「威儀即仏法・作法是れ宗旨」です。

臨済禅師は、「ただこれを平常無事、屙屎送尿《あしそうにょう》（大小便をする）、著衣喫飯《じゃくえきっぱん》（着物を着、飯を食う）、困じ来たればすなわち臥す（疲れたら寝る）。愚人は我を笑う、智はすなわち知る」と言っています。

仏法だ、禅道だと言っても、何も特別なことがあるわけではありません。でも、実は、ここにいう「平常」の真意がはっきりのみこめるということは、なかなか容易なことではないのです。そこに悟り（証）と修行（修）の必要があるのです。

ある律僧が大珠禅師に尋ねました、「禅師は修行上に何か工夫を用いられますか」

大珠、「私も工夫を用いる」

律師、「どう工夫されますか」

大珠、「飢えてはご飯をいただき、疲れてくるとひと眠りする」

律師、「そんなことは誰も彼もやることです。それでは私たちの工夫と禅師の工夫と結局は同一と言うべきでしょうか」

大珠、「一般の人は、ご飯をいただいても、その実はほんとうにいただいていない。なぜかと言うと、彼らは食べながらさまざまのことを思い煩っている。眠りのときも同様で、千般計較《けきょう》、夢に夢をたどっている。それゆえ、私の眠り、私の喫飯と同一視はできぬというのである」

「知《ち》見解《けんげ》」という言葉があります。公案の見方としてはいちおうそれで法理のうえでは正しいのですが、そのばあい、それが頭で分かったというだけで、それがまだ真に身についていない、結局、体得に裏づけられた「真正の見解《けんげ》」になっていないというのです。それにもう一つ「邪見《じやけん》」という邪《よこし》まな見解があります。「禅は生活である。ただ真実に生きさえすればそれでよいのだ」と、禅を単に道徳にしかえたり、「平常無事、屙屎送尿、著衣喫飯、困じ来たればすなわち臥す——ただこのままでよいのだ、何もことさらに修行することなど要らぬ」と、いわゆる「無事禅」ですましこんだりすると、それこそ「鐘を喚《よ》んで甕となす」ことになります。ここがむずかしいところです。かと言って、著衣喫飯の「平常」を離れてまた「禅道仏法」は、どこにもありはしません。

無門は頌《うた》って言う——
八 あんまりはっきり示されて、
かえって悟りが遅くなる。
九 灯火は火だと早く気がつけば、
ご飯はとっくに炊けたのに。

# 13　外道《げどう》が仏《ほとけ》に問う

（第三十二則　外《け》道《どう》問仏《もんぶつ》）

一世尊《せそん》は、外道が、

「有言《うごん》は問いません、無言も問いません」

と尋ねたので、二［黙って］坐られた。三外道は賛歎《さんだん》して言った、

「世尊はお慈悲深く、私の迷いの雲を開いて、私を［悟りの世界に］入らせてくださった」

四そこで礼拝して出て行った。

五まもなく阿難《あなん》が仏に尋ねた、

「あの外道はどんな悟りがあって、［あのように］賛歎して出て行ったのでしょうか」

六世尊は言われた、

「世間の駿馬《しゅんめ》が鞭《むち》の影を見ただけで走り出すようなものだ」

「世尊」というのは、仏教徒が釈尊を呼ぶときに使った呼び名で、〝尊いお方〟という意味です。因《ちな》みに、最近は日本の仏教徒まで、ヨーロッパの学者の口まねをして、「ゴータマ・ブッダ」などという言葉を使いますが、古く釈尊の時代には仏教徒はけっして「ゴータマ」という呼び方はしませんでした。必ず「世尊」と呼んだのです。「釈尊」と呼ぶべきです。しゃれた呼び方のつもりか、「ゴータマ・ブッダ」などと言われると、おや、この人は仏教徒ではないのかと思ってしまいます。

「駿馬」の話というのは、『阿含経《あごん》』からの引用で、比丘《びく》に四とおりあって、馬に喩えると、第一は、鞭の影を見ただけで御者の意に従うものです。第二は鞭が毛に触れただけで走り出すものです。第三は、鞭が肉に触れてようやく走り出すものです。第四は、鞭が骨髄に徹してはじめて走り出すものです。

こういう喩えが初期の経典にありますが、ここでも世尊は「あの外道は世間でいう〈鞭の影を見ただけで走り出す駿馬〉のようなものだ。私が黙って坐っていたところで、私の〈無我の我〉としての働きを見て取って、自分もそうした〈無我の我〉に目覚めることができたのだ」と解説されたというのです。

心をそこに置いて、真剣に道を求めていますと、縁によって、この外道のように、道を得ることができるのです。

「外道」というのは、今日の日本語では、人をけなすときに使いますが、本来は〝仏教以外の哲学や宗教を奉じている人〟を言った言葉で、別に相手をけなして言う言葉ではありませんでした。

ひとりの異教徒がブッダに質問をしました、

「有言は問いません。無言も問いません」

ここで釈尊が何か答えられたら、それは「有言ではありませんか」と切り返し、黙っておられたら、「それは無言ではありませんか」と言ってやりこめる、二股かけてのいじのわるい質問です。

『聖書』を見ますと、姦淫の現場で捕らえられた女がいて、それをイエスを落しいれようとするパリサイ人たちが、イエスの面前に引き出して、「我々の先祖伝来のモーゼの掟《おきて》によると、こんな女は『石で打ち殺せ』とある。君はしょっちゅう愛の教えを説いている。姦淫の女を石で打ち殺したら、君のふだんの愛の教えに背くことになるし、もしこんな女でも愛して許せというならば、先祖の掟に背くことになる。どうするか」と、イエスにつめ寄ったことがありました。そのとき、イエスは黙って、地にかがんで何かものを書いておられました。イエスのその静かな態度に心を打たれた群衆は、はたして自分がこの女に石を投じる資格があるかどうかを反省して、老人を始めとしてみんな去って行きました。残ったのは自分と女と二人になったと気がついたイエスは、「私もあなたをとがめない。ふたたび過ちを犯さないように」と言って立ち去りました。

こんな話があります。イエスは、黙って地面にものを書かれました。釈尊は、どうされたでしょうか。釈尊も黙って坐っておられたというのです。それを見て、外道は賛歎して言いました、

「世尊は――すでに彼は『世尊は』と呼びかけています。彼がすでに仏教徒になった証拠です――お慈悲深くて、私の迷いの雲を開いて、私を悟りの世界に目覚めさせてくださいました」

そこで礼拝をして去って行きました。〝黙って坐っていられた〟という原語は、「拠《こ》座《ざ》」と言います。〝座をしめる〟の意味です。ここでは何も答えられずに、黙って坐っていられた、という意味です。『碧巌録《へきがんろく》』では、「良久《りょうきゅう》」とあります。「やや久しゅうす」と訓読しますが、この場合も、〝しばらく黙ってそのまま坐っていられた〟という意味です。

「有言か無言か」というのは分別の世界です。そこに働いているのは自我です。「仏法は無我にて候」（蓮如）とあるように、釈尊はそうした「自我」を空じて、「無我の

我」に生きることを教えられました。「拠座」も「良久」も、分別的な「自我」の働きではありません。そうした自我が空じられた「無我の我」の働きです。この外道は、釈尊の「拠座」ないし「良久」というお示しによって、身心が脱落（身心脱落）して、脱落した身心（脱落身心）すなわち「無我の我」を自覚体認したのです。

外道が去ってまもなく、おそば去らずの侍者の阿難が、釈尊に問いました、「あの外道はどんな悟りを悟って、あのように世尊を賛歎して出て行ったのでしょうか」。すると世尊は言われました、「世間でも言うではないか。〈駿馬は鞭の影を見ただけで走り出す〉と」。

無門は評して言う――

[七]阿難は実に仏弟子であるのに、まるで外道の見解《けんげ》にも及ばないようだ。[八]まあ言ってみよ、外道と仏弟子と、どれほどの差があろうか。

「衆生本来仏なり」と言います。みんな仏性を持っているのですから、何かの縁によってその仏性に目覚めさえすれば、外道も仏弟子も何の変わりもなく、誰でも仏（覚者）になれるのです。

無門は頌《うた》って言う——
九 剣の刃の上を歩き、
氷の稜《かど》の上を走る。
一〇 階段や梯子を使わず、
絶壁の上で［いきなり］手をはなす。

「大死一番、絶後に蘇息する」のが禅の道です。「自我」を空じて、「無我」になってこそはじめて「無我の我」という「本来の自己」に目覚めるのです。それが「仏」です、すなわち「覚者」です。「仏教」は〝仏陀の説かれた教え〟です。と同時に、我々めいめいが、本来の自己を自覚して〝仏（覚者）に成る教え〟です。

# 14　洞山《とうざん》の麻《ま》三斤《さんぎん》　（第十八則　洞山三斤《とうざんさんぎん》）

一 洞山和尚は、僧が、

「どんなのが仏ですか」

と尋ねたので、

「二麻三斤《まさんぎん》だ」

と答えた。


---

ここの洞山禅師というのは、曹洞宗の宗祖洞山良价《とうざんりょうかい》禅師（八〇七―八六九）ではなくて、ずっと後代の雲門宗の洞山守初《しゅしょ》禅師（九一〇―九九〇）のことです。

洞山禅師にある修行僧が、「仏とはどんなものか」と尋ねたので、和尚は、「一麻《ま》三《さん》斤《ぎん》」と答えたというのです。

「麻三斤」というのは、〝麻が三斤だ〟の意です。この「麻」は、洞山の人《にん》（主体）に対する境《きょう》（客体）としての麻のことではありません。もし「三斤の麻」が「仏」だというふうに解釈するならば、西洋の人々が、この公案を見て、禅仏教は汎神論だというふうに理解するかもしれません。現に、仏教者の中にも、「仏教は汎神論だ」と言った学者がいました。しかし、これは、有神論とか汎神論とかいうような、西洋哲学の概念で仏教を測る過ちに陥ったものです。むしろここの麻三斤は、境（客観）ではなくて、洞山禅師の人（主観）に目を着けるべきです。「麻三斤」だと吐き出したその人、すなわち洞山禅師その人の「ブッダ」としての働きに、着目すべきです。前則では、世尊は黙って坐っていられました。本則では、洞山禅師は「麻三斤だ」と答えました。いずれも、「仏」の働きです。私はこの則も、そういう「機関」の公案と見たいのです。「機関」は「ダイナミズム」と英訳されるように、「法身《ほっしん》」すなわち「無相の自己」の〝働き〟を練る公案です。「法身」があって「機関」として働くことができるのです。禅的に申しますと、まず「無我の我」としての〝主体の確立〟が先にあるということです。

禅では、「狂狗、塊《つちくれ》を追う」と申します。気のふれた犬に向かって土塊を投げると、犬は投げた人のほうに目を向けないで、投げられた土塊のほうに向かって行くのです。それに対して獅子は、投げられた土塊に向かうことはしないで、投げた人間のほうに向かって来ると言います。我々は「狂狗」でなく「獅子」でなければならないと、禅は教えます。

ふつうには「法身」の則だと見られる本則を、あえて「機関」の公案と見て、洞山守初禅師の雲門宗の「言句の妙密」さを示す働きと解するゆえんです。

洞山禅師は、たまたまそのとき麻を手にしての作務《さむ》をしておられたのでしょう。そこで、修行僧の問いに対して、「麻三斤」と答えられたのでしょう。前の則で、世尊が「拠座」され「良久」されたのと少しも変わりはありません。世尊の「良久」が洞山の「麻三斤」なのです。

仏教というのは、〝ブッダの説かれた教え〟であり、〝我々めいめいがブッダに成る教え〟です。「ブッダ」というのは〝目覚めた人〟のことです。何に目覚めるのか。「本来の自己」に目覚めるのです。「仏性《ぶっしょう》」すなわち〝ブッダとしての本性〟をみんなが持っています。その「自己の本性」（自性）に目覚めることが仏教の大事です。どうしたら「本来の自己」に目覚めることができるでしょうか。それにはまず「無我」の境地に入ることです。それが「禅定《ぜんじょう》」です。無我の禅定に入ると、不思議にすべてが自己になるのです。手にしている「麻」が「自己」になるのです。そこでは、「人」（主体）と「境」（客体）が「物我《もつが》一如《いちによ》」です。洞山禅師の言う「麻三斤」は、そうした「人境不二《にんきょうふに》」としての「麻三斤」です。ここまで言えば、それは先の「庭前柏樹子」の則ですでに学んだことだとおっしゃるでしょう。まったくそのとおりです。それだけのことです。

そこを無門和尚はコメントして言います。

無門は評して言う――

[三]洞山老人《じいさん》は少しばかりの「はまぐり禅」に参ずることができて、二つの貝殻を開くやいなや腹の中をさらけ出した。[四]それはそうだが、まあ言うてごらん、どこに洞山和尚の面目を見るか。

「はまぐり禅」というのはおもしろいですね。はまぐりが殻を開くと、内臓がすっかり見えるように、洞山禅師は、「麻三斤」という一言で、自己のはらわたをすっかり見せてしまった、というのです。洞山禅師は、雲門宗の人です。雲門宗は、「言句の妙密」をもって宗風といたします。「麻三斤」という言葉そのものに、禅道仏法の秘密を言い抜いたその言葉の「妙」に、守初禅師は宗祖雲門禅師の宗風をまっすぐに嗣《つ》いでいると言うことができるでしょう。

無門和尚はそこを頌《うた》って言います。

無門は頌《うた》って言う――
「麻三斤」[五]と突き出した、
その言葉は親しいが、その心持ちはもっと親しい。
やって来て[六]是非を説く者は、
とりもなおさず是非の人だ。

「麻三斤」と言い出した洞山禅師の言葉の「道への親しさ」を歌って、さらにその言葉（言）より洞山禅師その人の心持ち（意）のほうがもっと道に親しいと無門和尚は言うのです。そして、そんな公案をあれこれとただ思想的に是非する者は、「是非の人」であって「禅者」ではないというのです。みなさんに分かっていただけるようにと考えるあまりに、あれこれ説きすぎると、私もまた禅師に「是非の人」だと叱られるかもしれません。

# 15 国師《こくし》の三喚《さんかん》

（第十七則　国師《こくし》三喚《さんかん》）

一 慧忠《えちゅう》国師が、三度、侍者を喚《よ》ばれた、侍者は三度返事をした。二 国師は言われた、
「私がお前にそむいていると思うたら、なんだ、逆にお前が私にそむいていたのだな」

---

中国の禅門で、単に「国師」と言えば、南陽の慧忠国師（？—七七五）のことです。

国師が、あるとき、三度侍者（のちの耽源《たんげん》応真禅師だとも言われています。『碧巌録』第十八則参照）をお呼びになりました。侍者は、三度とも「はい」と答えました。すると国師は、「私がお前に辜負《そむ》いた（「辜負」は、「孤負」とも書き、〝異背〞の意です）と思っていたら、何だ、お前が逆に私に背いていたのだな」と言われた、というのです。

この公案は、このときの侍者がすでに悟っていたと解するかどうか、という見方如何で、二様に解せられます。

第一の解は、この侍者はのちの耽源禅師応真で、このときすでに悟っていたと見ます。慧忠国師があるとき三度続けて「応真！」と呼ばれました。侍者もまた、そのたびに「はい」と応じました。そのとき国師は言われました、「用もないのに、私がお前を呼んだのは、私がお前にそむいたのだと思ったが、それにつれて〝はい〟と答えたりして、何だ逆にお前のほうが私にそむいたのだな」。お前がドジなら私もドジよ。ドジとドジなら通りぬけ（飯田欓隠）、この解は、国師の先の「お前がそむいていた」という語を、結局侍者の悟境への証明の一句だと見るのです。

第二の解は、国師が「応真！」と呼ばれ、侍者が「はい」と答えます、それ、そこに、「はい」と言うのは何者か？　これでも気がつかぬとばかりに、国師はふたたび「応真！」と呼ばれます。ふたたび「はい」と答えはするものの、その応諾の何と力のないことでしょう。まったく、「言中、響きなし」です。それで国師は、老婆親切にも、三度まで慈悲徹悃《てっこん》の叫びです。

「徹悃」というのは、〝へとへとに疲れはてる〟ことです。慈悲のゆえに、へとへとに疲れはてるまで、「応真、応真」と呼ばれ続けるわけです。それは後で出る瑞巌禅師の「主人公」とまったく同じです。みなさんは、後で学ぶ瑞巌禅師の「主人公」という公案を読まれるとき、きっとここの話を思い出されるでしょう。国師は、侍者に対して呼びかけられます。瑞巌もまた、自己に呼びかけることを通して、他者に、いや今日只今のこの私自身に対して呼びかけるのです。

第二の解によると、のちの耽源禅師も、ここでは機未《いま》だ熟せずで、国師もがっかりして言われます、「私がゆき届かん、私の教育がゆきとどかんとばかり思っていたら、まあ、お前がのろまでよう悟れないのであったことだ」と。

余談ですが、「将謂A、元来却是B」という構文は、禅録によく出てきますが、「こうこうだとばかり思っていたのに、なあんだそうだったのか」という語気を表わします。ときに、「元来却是B」という後句のほうは省略して余韻として響かせることもありますが、意味は同じです。

無門は評して言う——

[三]国師は三度も侍者を喚んで、舌が［くさって］地に落ちた。[四]侍者は三度も返事をして、相手に和して思わず本音を吐き出した。[五]国師もお年をめして心さびしくなられたのであろう、牛の頭を抑えつけて草を食わせるようなことをなさる。[六]侍者はそ

れを頂戴《ちょうだい》する気がなく、せっかくのご馳走《ちそう》も満腹の人の食物としては口にあわない。[七]まあ言うてみよ、どこが彼が［国師に］そむいたところか。[八]国が平和であると才子が高い身分になり、家が富むと子供たちが甘やかされる。

国師は三喚、三度も侍者を呼ぶなんて、あんまりしゃべりすぎだ、そんな婆談義をされると舌がぬけて地に落ちますぞ。侍者が三応、「はい、はい、はい」と声（光）に和して答えたのは、何とも見事だ（または、「はい」と応ずる端的に、みずから本来の面目を丸出しにしていながら、それが分からない。応底何者ぞ？）。国師もお年をめして心さみしくなられ、早くよい後嗣ぎを得たさに、いやがる牛の頭をおさえつけて、無理に草を食わせるようなことをなさる。まったく老婆親切もいいところだ。しかし侍者のほうはあえてその親切をいただこうとせぬ。どんなおいしいご馳走もすでに悟った満腹の身には用はないからだ（または、国師の三度の親切にも侍者はまだ合点がゆかぬ。それはあまりに美食にすぎて、侍者の口に合わぬからだ）。

　ところで、君たちまあ言ってみよ。侍者のどこが国師にそむいたというのか？　太公望も言ったよなあ、「天下が泰平だと、才子ふうの人間が重宝がられ、家が富むと、子供が嬌《おご》って、たいていのオモチャには眼もくれなくなる」と。まったくこの師にしてこの弟子ありだ。へたな悟りに目もくれぬ。「見、師にすぎた」こんな偉者の弟子ができたのも、慧忠国師なればこそだ（または、この侍者、例のお公卿《くげ》さまの長袖流でまことに意気がない。親の財産を当てにしての坊ちゃん育ち。国師手ぬるい、手ぬるい、と）。

この公案を解してある師家は、「『おれはただ呼んだだけで貴様などまったく眼中にないと思ったら、貴様はただ返事しただけでおれをまったく眼中においておらんなあ』。天上天下唯我独尊か、四維上下等匹なし、だ。乾坤第二人なし、じゃないか。ただ叫んだ。ただ応じた。〝ただ〟が見えたか。互いに独立独歩じゃないか。完全に辜《こ》負《ふ》じゃ、同時に証明じゃ」と解説して、これをとりたてて「辜負の宗旨」と名づけたりしていられます。

これも確かに一理はあります。しかし、どうも理におちて例の知見解《けんげ》・分別悟りの臭みが抜けません。こうした私解は「公案」を「私案」化するもの、古人室内の「伝統の見解」のしたたかさに何としても及びがたいと、私は信じます。

「唯有野猿知客恨、嶧陽渓路第三声」（唯だ野猿の客恨を知るあり、嶧陽《えきよう》の渓路第三声）。また、「珊瑚枕上両行涙、半是思君半恨君」（珊瑚枕上両行の涙、半ばは是れ君を思い半ばは君を恨む）です。

無門は頌《うた》って言う——
穴[九]なしの鉄の首かせおっかぶせ、
禍いの子孫に及ぶ一大事。
ダ[一〇]ルマ宗の門戸を支えんとなら、
ツルギの山をハダシでのぼれ今一度。

# 16 鐘《かね》が鳴《な》ると袈裟《けさ》を着《き》る　（第十六則　鐘声《しょうせい》七条《しちじょう》）

一雲門は言った、
「世界はこんなに広いのに、なぜ鐘が鳴ると、七条の袈裟を着て［食堂《じきどう》へ出て］行くのか」

――――

雲門文偃《うんもんぶんえん》禅師（八六四―九四九）が言われました、「世界はこんなに広々としているのに、鐘がなるとどうして七条の袈裟を着て出頭するのか」。

公案はこれだけです。世界はこんなに広い、というのはお悟りの真っ只中、「真空無相」の自由境を体験した人の叫びです。それなのに食事の合図の鐘がなると、どうして袈裟衣をつけて食堂に出かけるのだ。それこそが「真空妙用《みょうゆう》」（「妙用」は〝凡夫の思議を絶した働き〟の意）です。「悟ってもひじは外へ曲らぬ」のが、それが真の「自由」なのです。「水鳥の行くも帰るも跡たえてされども道は忘れざりけり」でありましょう。

ここでも、この「甚《なん》に因《よ》ってか」という問題意識が大事なのです。日常ふだんの何の問題もないようなところに、改めて問題意識を起こさせるところに、古人の「公案」の慈悲にもとづく（否定即肯定）の活手段が存することを忘れてはなりません。因《ちな》みに、この公案の見解は、天龍僧堂の滴水・龍淵下にすばらしい独特の調べがあります。

無門は評して言う——

二 およそ禅道を参学するには、音声《おんせい》について廻り色相《しきそう》を追っかけることを切に忌み嫌う。三 かりに「香厳《きょうげん》のように」音声を聞いて道を悟り、「霊雲《れいうん》のように」色相を見て心を明らめたとしても、それでも、やっぱり「禅者としては」世の常のことである。四「そんな所で満足している人は」とりわけて次の大切なことが分からぬのだ、すなわち禅家たる者は、音声を騎《の》り廻《まわ》し色相を使いこなして、一つ一つのうえで明らかに見て取り、一手一手のうえで思議を絶する働きをするものだということを知らぬのだ。

五 それはそうだが、まあ言うてみよ、声が耳のほとりに来るのか、耳が声のあたりに往くのか。六 たとえ、音響と静寂と二つとも忘れた境地になったとしても、ここに到ってそれをどう説明したものか。[七]もし耳で聞いたら会得しがたいであろう、眼で音声を聞いてはじめて親しいであろう。

無門和尚は言われます——

いったい参禅修行には、声（音声、耳の対象）に従い色（形あるもの、眼の対象）を逐う——といって、環境の事々物々について廻ることが大の禁物である。たとえ声を聞いて道を悟り（香厳の撃竹《きゃくちく》）、色をみて心を明らめ（霊雲の桃花《とうか》）ても、そんなことは禅者としては当たりまえのことである。禅僧たるものは、まず真実の自己を自覚して、主体的に声と色とを使いこなして、一事一事に明らかに、一手一手にうまい手がうてる、という境地を知らねばならん。それはそうだが、いったい声が耳のほうへくるのか、それとも耳が声のほうへ行くのか。かりに心（主観）も境（客観）もともに忘じて（声をきけば、声と我と内外《ないげ》打成一片《たじょういっぺん》、ただ天地ひた一枚の声となり）、心境不二《しんきょうふに》の境を体験したといっても、そこのところになると、それをどう説明したものか？　もし耳できけば会得はむずかしい。目できいてはじめて、親しくこの間の消息に通ずることができるであろう。

聞くままにまた心なき身にしあれば

己なりけり軒の玉水（道元禅師）

耳に見て眼に聞くならば疑わじ
おのずからなる軒の玉水（大燈国師）

眼で聞くというのは、全身全霊で聞くということです。天地ひた一枚の声になりきるのです。「なりきる」というのは、本来の自己でおることです。「直下《じきげ》無心」です。〝ずばり無心で聞く〟ということです。「世界恁麼《いんも》に広闊《こうかつ》たり」という体験の真っ只中から、そのままに聞くのです。おやじがせきをしたら、すっとお茶をもってゆくのです。「因甚麼《いんじんも》」は、問いかけて問うことの要《い》らぬ境涯を得させるための手段に外ならないのです。これが「公案」の眼目です。これを先にも言ったように、「東山下の暗号密令」と言います。「東山」というのは、公案禅の大成者である宋代の禅匠五祖法演のいた山の名です。

無門は頌《うた》って言う——
[八]悟ればみんな同じ身内のこと、
[九]悟らねばばらばら。
悟らなくても同じ身内のこと、

## 悟ってもまたばらばら。

悟れば平等、迷うから差別。迷っていても平等、悟っても差別——一、二句はいわゆる「始覚門」で、三、四句は「本覚門」の立場です。悟っても迷っても本来平等、世界は広い、人間本来「自由」（無縄自縛）なのですが、この本覚門の「衆生本来仏なり」の真理も、悟ってはじめて——平等の体得という「始覚門」の「修・証」（修行と悟り）があってはじめて——その真理がほんとうに体得できるのです。そしてその「平等」の悟り（本覚・本証）の中にも厳として「差別」の働き（妙用・妙修）がなければなりません。「不落因果」のところが、ただちに「不昧因果」です。鐘がなったらただ如法に袈裟をつけて出頭するのです。

# 17　清税《せいぜい》の孤《こ》独貧乏《どくびんぼう》　（第十則　清税孤貧《せいぜいこひん》）

一曹山《そうざん》和尚にある僧が尋ねて、
「私、清税《せいぜい》は、孤独で貧乏です。どうか、老師、私に何か施してください」
と言ったので、曹山は、二
「税さん」
と呼んだ。税は、三
「はい」
と答えた。曹山は言った、四
「名産地青原の白氏の酒を三杯も飲んでしまっていながら、君はまだ唇《くちびる》も沾《うるお》してないと言うのか」

---

曹山禅師（八四〇—九〇一）のところに、清税という坊さんがやってきて、「私は孤独で貧乏でございます。老師どうか恵んでいただきとう存じます」と申しました。

この坊さん、すこぶるつきの貧乏自慢――真空無相、わが胸中寸糸もかけぬ、何もない無一物とばかり、「空」の境地のお悟り自慢です。

曹山禅師は、それに対して、「おい、税さん」と呼ばれました。清税は思わず「はい」と応じます。原文にある「闍梨《じゃり》」（二七六ページ）というのは、もと〝先生〟の意で、高徳の僧の尊称ですが、禅門では僧に対する単なる敬称となり、ここは〝…さん〟というほどの意味です。

名を呼ばれて思わず、「はい」と応じた清税に、曹山禅師は言われました、「酒の名所の青原の白氏の酒を大盃三杯も飲んでいながら、君はまだ唇もぬらさぬと言うのか」と。

公案はこれだけです。『新約聖書』の中に、「心の貧しい者は幸せだ。その人は神を見るだろう」という言葉がありました。ある大学の先生が、白山道場の南隠老師の所へ行って、宗教上の問題を縷々《るる》として訴えました。黙って聞いていられた老師は、「まあ、お茶でも一杯おあがり」と言いながら、茶碗にあふれるほどのお茶をついで、なおもつぐのをおやめになりません。とうとう畳《たたみ》にお茶がこぼれ始めました。それでも老師はお茶をつぐのをおやめになりません。そこでその大学の先生は見かねて、「老師、もう結構です。お茶がこぼれます」と申しますと、老師は笑いながら、「ちょうどあんたのようじゃ。内に一杯入っているんで、外から何ぼよいものを入れてあげようとしてもムダなことじゃ」と言われました。

茶椀のいちばん大事なところはどこか、という話があります。形がいいとか、焼きがいいとか、これは利休居士の愛した遺品だとか。しかし、茶椀の最も大切なところは、中がカラッポだということだというのです。そうでなければ、肝心のお茶がつげません。心の貧しい者は幸いだ、というのもそのことでしょう。

禅では座布団の上に坐って、身心を統一安定させ、まず初めに外感を否定します。少し真剣に坐りますと、外界はけっしてなくなるのではありませんが、あるままに〝ありてありつぶれ〟ます。一所懸命に映画に見入っていると、頭の上のかなり強い扇風機の音もぜんぜん気にかからないのと同じ理屈です。坐っている人の意識のうえではそれは「無」にひとしいものとなります。次に内感を否定します。これはなかなか大変です。妄想をやめようというのが、また一つの妄想なのですから、「血で血を洗う」ようなもので、妄想のやむときはありません。「血」を「水」で洗わなければだめです。その「水」に当たるのが「数息観《すそくかん》」（坐禅をして出入りの息を数える観法）です。

こうして如法にたゆまず精進《しょうじん》すれば、内界も外界も〝ありてありつぶれて〟、いつか純一無雑《じゅんいつむぞう》、心中兎《う》の毛一本もないという「真空無相」の境地に入ります。すりきり貧乏、胸中まったく何にもない心境です。清税和尚はこうした「空」のお悟りをひっかついで、曹山禅師の前に出てきたのです。「さあ、このような私に、このうえに老師は何をお恵みくださいますか。もうこの私には老師でも手のつけようはございますまい」と、言わんばかりです。

曹山禅師は、いきなり「税さん」と呼ばれました。清税は思わず「はい」と答えます。それ、そこに「はい」と答える者は何者か。君はその「真空」の中の「妙用《みょうゆう》」を見ないで、ただ「但空《たんくう》」(ただの空)のところにばかりへばりついておる――禅師はそこを、そういうふうにあからさまに言わずに、「なだの生一本を大盃三杯も傾けながら、お前まだ口もぬらさぬと言うのか」と言われたのです。

ある僧が趙州《じょうしゅう》禅師に、「一物も持ってこないときはどうですか」と聞きますと、禅師は「下に置け」(放下着《ほうげじゃく》)と言われました。重ねて「一物も持って来ないのに、何を下に置くのですか」と問うと、禅師は言われました、「そうか、そんなに大切なものなら、ひっかついでいけ」と。禅師は僧のかついでいる「無一物」という「空」の意識を否定されたのです。

禅は、いっぺん清税のいわゆる「孤貧」の「空」の境地を、みずから親しく体得しなければ問題になりません。坐禅で骨折るのはそのためです。しかし、「真空」は「無相」即「妙有《みょうう》」で、また「妙用《みょうゆう》」でなければなりません。ですから、真正《しんしょう》の師家《しけ》（禅の指導者）は、いったん学人《がくにん》（修行者）の得た「空」の境地をも、さらに奪わないではやまないのです。

無門は評して言う――

[五]清税が下手《したで》に出た働きは、どういうつもりなのであろうか。[六]「しかし」、曹山の心眼は深く相手を見ぬいている。[七]それはそうだが、いったいどこが税さんが酒を飲んだと言われるところか、まあひとつ言ってごらん。

清税が「貧乏」と下手に出たのは、いったいどういう魂胆だ。曹山はさすがに明眼《みょうげん》の禅匠で、深く清税の意図を見ぬいた。それはそうだが、まあ言うてみよ、清税上座《じょうざ》が「酒を飲んだ」というところは、いったいどこか。

無門は頌《うた》って言う――

[八]貧は范丹《はんたん》先生に似て、

意気は項羽《こうう》将軍さながら。
[九]一文なしのスカンピンでいて、
生計も立たぬのに富を争う。

范丹は字《あざな》を史雲といって、漢の時代の人で、「かめの中に塵を生じ、かまの中に魚がすむ」と歌われた清貧の高士でした。

# 18　大通智勝仏《だいつうちしょうぶつ》

（第九則　大通智勝《だいつうちしょう》）

[一]興陽の清譲《せいじょう》和尚は、ある僧が、
「〈大通智勝仏は、十劫《じっこう》という長い時間、道場で坐禅したが、仏法は現前せず、仏道を成就《じょうじゅ》することができなかった〉というが、これはなぜですか」
と尋ねたので、[二]答えて言った、
「［君の］その質問はぴたりと的《まと》を射ている」
[三]その僧は言った、
「道場（道＝菩提《さとり》の場）に坐禅しているからには［悟りを開いて仏道を成就しているのが当然なのに］、どうして仏道を成就することができないというのですか」
[四]清譲は言った、
「それは、あのお方が［自《みずか》ら］成仏しないからだ」

興陽山の清譲禅師に、ある僧が尋ねました、「大通智勝仏という仏さまが、十劫《じっこう》という長いあいだ、道場に坐禅修行していられたのに、仏法が現前せず、仏道を成就することができなかった、とありますが、こんなときどう理解したらよいのでございましょうか」と。

これは『法華経』の「化城喩品《けじょうゆほん》」にある説話をふまえての質問で、劫《こう》（カルパ）というのは、四十里四方の大磐石があって、それを百年に一ぺん天女がおりてきて、羽衣ですっとなでる、そしてその大磐石が磨滅し尽しても劫は終らないという、とっぴょうしもない長い長い時間を言います。中国人は仕方なく、単に「長時」と訳しておりますが、インド人のものの考え方のおもしろいところです。

すべてに通ずる秀れた智慧をもっているという名の仏さまが、十劫の長いあいだ、道場に坐禅して修行したのですから、ふつうなら、当然もうそこには、仏法が現前し、仏道を成就していなければならない、それなのにそれがそうでないというのは、いったいどういうわけか、というのです。

それに対して、清譲禅師は答えられました、「君の質問はぴたりと的《まと》を射ておる」。しかし、そんなことを言われても、どこがどう的を射たよい質問なのか、その僧にはいっこうに分かりません。そこで、重ねて尋ねました、「仏が道場に坐っている以上、そこにはもう仏法が現前し、仏道が成就していなければなりません。それなのに、どうして成仏ができないというのですか」と。再度の質問で、この僧の質問の意味が前よりいっそうはっきりしてきました。そこで、禅師も今度ははっきりお答えになりました、「それは、あのお方（大通智勝仏）が成仏しない――「みずから」仏にならないからだ」。公案はこれでオシマイです。

専門の棋士《きし》を育てるときには、初めから定石《じょうせき》を教えるようなことはけっしてしない、何番も何番も碁《ご》を打ってゆくうちに、自然に自身でそれを会得するように教育する、という話を聞いたことがあります。禅門でも、専門の修行者のためには、もうこれ以上の解説はかえって邪魔になります。しかし、一般の読者のみなさんを相手のときは、そうばかりも言っておれませんから、今少し婆談義を試みます。

仏というのは、「仏陀」（Buddha）すなわち〝覚者〟（覚った者、the awakened One）ということです。〝真実の、本来の自己に目覚めた者〟が仏です。仏道は「真実の、本来の自己」を求める道にほかなりません。そしていったん目覚めてみれば、衆生は「本来仏」なのですから、仏がそのうえに仏に成ることなどまったく要らぬことです。大通智勝仏が、仏に成ろうとしなかった、という意味がそこにあります。「仏」はもう「仏」に成りようはない道理です。わが国の盤珪永琢《ばんけいようたく》禅師は、ここを「仏になろうとしようより、仏でおるが造作がのうて近道でござるわいの」と申されています。

なあんだ、そんなことか――みなさんの中にあるいはそういって、頭だけの思想的理解ですまして、公案を小馬鹿にする人があるかも分かりません。しかし、こう「信《しん》心決定《じんけつじょう》」することは、一般のみなさんが考えるほど、けっして容易なことではありません。頭で分かったというところで留まって、公案に真剣に参じようとしない人は、ほんとうにお気の毒な人です。

無門は評して言う――

[五]祖師達磨の般若の智慧だけは認めるが、祖師の分別知解《ふんべつちげ》は許さぬぞ。[六]凡夫がもし般若の智を得たらただちに聖人《しょうにん》だし、[七]聖人でももし分別知解にわたればただちに凡夫である。

無門和尚の「評唱」にしばらく耳をかしてみてください。「ただ老胡の知を許して、老胡の会《え》を許さず」。ダルマが知るのだけは許すが、ダルマが会するのは許さない。――たとえ達磨大師でも、真知（般若＝無分別の分別）は認めるが、理会《りえ》（単なる分別知）は許さんぞと、無門和尚の親切なご忠告です。ここで言う「知」はほんとうにこの身体で〝悟った〟ということ、これに対して「会」はただ頭だけでいちおう〝分かった〟ということです。「衆生が本来仏だ、仏がさらに仏に成りようがあるか」というようなことでも、ほんとうに身体で悟ったのならそれは認めるが、単に、頭だけで分かったというようなことでは、たとえそれが達磨大師であっても許さんぞ——と、無門和尚は達磨大師以上の見識でこう言われたのです。それはこの公案にとってまことにぴったりした、親切なご垂示《すいじ》です。

さらに、続けて無門和尚は言われます、「凡夫も悟れば、そのまま聖人だ。反対に聖人でも理会におちるとすぐに凡夫だ」。

無門は頌《うた》って言う——

[八]身《からだ》をものにするのは心をものにするのに比べてどうだろう、
心をものにすれば身は何の愁《うれ》いもない。
[九]もし身も心もいずれもものにするなら、
どうして神仙にさらに爵位を与える（仏がさらに成仏する）必要などあろう。

無門和尚は、ここでは、いちおう世の常識に順応して、「心」と「身」とを分けて

「心」のほうを重視しているように見えますが、それも要するに転結の句の「身心一如の完成」を歌い出すための序詞《じょことば》にすぎません。「身」と「心」と別々なものがあるというのでは、けっしてありませんから、お間違いのないように。

# 19　瑞巌《ずいがん》の主人公《しゅじんこう》

（第十二則　巌喚主人《がんかんしゅじん》）

[一]瑞巌師《し》彦《げん》和尚は、毎日自分自身で、

「主人公」

と呼びかけ、自分で、

「はい」

と返事をした。[二]そこで、

「目をさましておれ。はい。[三]これからも人に瞞《だま》されまいぞ。はい、はい」

と言った。

---

瑞巌の師彦禅師（?—八八七）は、毎日自分で自分自身に「主人公」と呼びかけ、また自分で「はい」と返事をされました。そこで言われるのです、「はっきり目をさましておれ」、「はい」。「将来ともに人にだまされるなよ」、「はい、はい」。毎日これを繰り返しておられたというのです。公案はこれだけです。瑞巌師彦禅師

とも言われるお方が、自分で毎日「おい、主人公」と呼ばなければ、主人公がどこかに飛んで行ってしまうというような情けないことは、ありえないことですから、これはけっして我とわが主人公を呼び起こして、自己の自覚をうながしていられたというのではないでしょう。それは瑞巌禅師の遊戯《ゆげ》三昧《ざんまい》（無心で法に遊ぶ境地になりきっていること）であったに違いありません。

「主人公。はい。こののちとも、きっと人にだまされるなよ。はい、はい」と言って、我とみずから道を楽しんでおられたのだと思います。そして、その禅師の道を楽しんでいらっしゃる姿が、また、はたの私どもにとって、そのまま道のお手本になるのです。

禅の道場に行きますと、玄関に「照顧脚下」と書いた札があります。〝脚下を照し顧みよ〟というのです。まず〝履物をきちんとそろえて上がる〟ことだと教えられます。それはいちおうそれでよいのですが、「照顧脚下」はただそれだけのことではありません。

摂心《せっしん》（集中坐禅会）に参加した始めは「たくあんをかむ音をたてるな」と先輩に怒られるので、たいていの人がかまずに飲み込んでしまいます。しかし、「脚下を照顧せよ」というのも、「たくあんの音をたてるな」というのも、禅では単なるお作法の教えではありません。それはまず第一に、ともすれば外に飛びがちの私どもの心を内に摂《おさ》める、そこで自己にとって返すという大切な修行の用心を示す教えの一つなのです。

瑞巌禅師は、毎日「おい、主人公」と自分を呼んで、「はい」と自分で返事をしながら、道を楽しんでいられました。別にこうして呼ばなければ、主人公がどこかに行ってしまうわけではありません。それはいったん悟ってみれば、須臾《しゅゆ》も離れることのできないのが、「道」というものだからです。「道は須臾も離るべからず」と『中庸』にありますが、あれを「離れてはいけない」と読んではいけないのです。あれは「離れることはできない」と読むのです。と言っても、悟るまではやはり親切にわが「放心」（放たれた心。『孟子』）を求めなければなりません。「本分上」から見れば、呼んでも呼ばないでも、しばらくも離れようのない、わが主人公でありますけれども。法は「人人分上《にんにんぶんじょう》に豊かに具われりといえども、修せざるに現われず、証せざるには得ることなし」（道元）です。そこに「修証辺《しゅしょうへん》」の大事があります。

無門は評して言う——

四瑞巌和尚は、自分で売って自分で買う。たくさんの神の面《めん》や鬼《ゆうれい》の面を持ち出してもてあそんでいる。[五]それはなぜか。それ見ろ！ [六]一箇の呼ぶ者、一箇の応《こた》える者、[七]一箇の目を覚している者、一箇の人に瞞《だま》されぬ者。[八]「しかし」、そんなものを認めると、旧によってやっぱりダメだ。[九]もし他《かれ》（瑞巌和尚）のまねなどしたら、それこそまったく野狐の見解《けんげ》というものだ。

瑞巌のおいぼれおやじ、自分で売って自分で買い、あれこれとたくさんのおかしなお面をもち出した。いったいなぜだ？ それ！ 一つは呼ぶ顔、一つは答える顔、一つははっきり目覚めている顔、一つは人にだまされぬ顔。しかし、そんなものを認めたら、やっぱりダメだ。もしも瑞巌のまねなどしたら、そんなのはみな野狐禅《やこぜん》というものだ、と。

いったいいつ「主人公」が君から離れたか、いちいち自分で呼んで自分で答えねばならんなどという、不自由な「主人公」の教えなど、禅でも仏法でも何でもないぞ。それなのに瑞巌のまねなどする奴がいたら、それこそまったくの野狐禅だ、というのです。

無門は頌《うた》って言う——

[一〇]道を学ぶ人々が真実を知らないのは、
ほかでもない依然として「自我」を措定しているからである。
[二]無限の長時間生死輪廻《しょうじりんね》の本《もと》になっている「自我」を、
愚かな人々は「本来の人」と呼んでいる。

天龍寺の滴水老師は、この公案に「瑞巌みずから主人公と喚ぶ意旨如何」という下《あ》語《ぎょ》（寸評）を置いていられます。古人はまた、この則に著語《じゃくご》（公案の見解《けんげ》に語を著《つ》ける）して「山深無客過、終日聞猿声」（山深うして客の過ぐるなし、終日猿の声を聞く）と申されています。

真の大乗の菩薩《ぼさつ》は、先に見た「清税」闍梨《じゃり》のように「無相平等」のお悟りのところに自分ひとりだけ腰をすえていてはなりません。その何にもない「真空無相」のところから、「一点無縁の大悲《だいひ》心」による「妙用《みょうゆう》」が、〝絶妙の働き〟が起こってこなければなりません。人っ子ひとりいない山深いところで、一晩中啼いている猿の声がする、それはなんとかしてこの大事を、この仏法の真理を、人々に知らせたいとして啼く菩薩の「大悲」の声なのです。さきには「瑞巌」禅師の遊戯《ゆげ》三昧《ざんまい》と言いましたが、思えばそれは、菩薩の私どもへの大悲の呼び声にほかなりません。南天棒老師のこの則の「星語」に、「五百年後、必有王者起」(五百年後に、必ず王者の起こることあらん)とありました。古人がこれほどに親切に努力されたので、さぞかし将来きっとよい子ができるであろうよ、と申されるのです。

## 20　南泉《なんせん》、猫《ねこ》を斬《き》る　（第十四則　南泉斬猫《なんせんざんみょう》）

[一]南泉和尚は、東堂と西堂の雲水たちが猫について争っていたので、[二]そこでその猫を把《つか》みあげて言った、

「お前たち、何か一句言うことができたら、この猫を助けよう。言うことができぬなら、ただちに斬り殺すぞ」

[三]雲水たちは何も答えなかった。[四]その結果、南泉はその猫を斬った。

[五]その晩に、弟子の趙州《じょうしゅう》が外から帰ってきた。[六]南泉は趙州に例の話をした。[七]そこで趙州は履《くつ》を脱いで頭の上にのせて出て行った。[八]南泉は言った、

「もしあなたがいたら、あの猫を救うことができたのに」

---

無門は評して言う——

[九]まあ、言うてみよ。趙州が草鞋《わらぐつ》を頭にのせた、意図はどうだ。[一〇]もしここで一転語が下《く》だせたら、すぐに南泉の命令がいいかげんに行ぜられたのではないということ

が分かるだろう。[二]あるいはまだそうでないとしたら、危いぞ！

　無門は頌《うた》って言う――
　[二]趙州がもしその場にいたら、
　[三]逆にこの命令を実行したろう。
　手中の刀を奪ってしまったら、
　南泉も命乞いをしただろう。

本則は、ためしに『無門関』の原文の全体を、初めに口語訳で挙げてみました。
　南泉僧堂の東西の両堂の雲水たちが、猫の仏性《ぶっしょう》の有無について争っていました。南《なん》泉《せん》普《ふ》願《がん》禅師（七四八―八三四）はこれこそ好教材とばかりに、問題の猫をひっつかんで、大衆の面前につきつけて言われました、「君たちが何か禅の道にかなう真の一句を吐くことができたら、この猫の生命《いのち》は助けるが、返答ができねば、斬ってしまうぞ」と。誰も答えることができませんでした。そこで、南泉禅師もいたしかたなくその猫を斬ってしまいました。
　その晩に、高弟の趙州《じょうしゅう》が外から帰ってきました。禅師は昼間のことを趙州に語りました。すると、趙州ははいていた履《くつ》をぬいで、頭の上にのせて出て行きました。南泉禅師は、その後ろ姿を見ながら言われました。「あんたがもしあのときいてくれたら、猫を殺さずともすんだものを」。

無門和尚は評して言われます——

いったい、趙州が草鞋《わらぐつ》を頭にのせたのは、その心はどうだ。もしここに一転語《いってんご》（聞く者が心を迷いから悟りに一転することのできる言葉）を下だすことができたら、南泉の斬猫《ざんびょう》もけっしてムダではなかったと分かろう。もしまだそうできんというなら、危いぞ！（君も、南泉に、猫といっしょに真二つに斬られるぞ）。

そして詩に——

趙州がもしいたら、
逆に南泉を斬っただろう。
刀を奪い取られては、
南泉老師も命乞い。

この公案を見るのに、南泉が猫を斬って殺生戒《せっしょうかい》を犯したなどというところにくっついていたら、禅の話としてはまったく通じません。ここでは猫のことなどまったく問題ではないからです。いつも言うように、禅はただ〝即今《いま》・此処《ここ》・自己《じこ》〟だけが問題なのです。禅はただ「己事究明」だけです。

「泉、遂《つい》にこれを斬る」――この南泉の一刀でもって座布団の上でこの小さな自我を徹底的に斬り殺すのです。白隠禅師も、「若い衆や死ぬがいやなら今死にゃれ、一度死んだらもう死なぬ」と歌われています。ほんとうに座布団の上で「大死一番」しますというと、不思議にその否定の極に「オギャー！」と「絶後蘇息」するのです。それはまったく予期しない、世界の根源からのたくましい新生命の誕生です。それが禅の「悟り経験」なのです。

イエス・キリストも「人もし新たに生れずんば、神の国に入ること能わず」と言われています。〝死・復活〟は、東西古今を問わぬ宗教的実存の秘密です。パウロに「キリストとともに十字架につけられ、キリストとともに甦《よみが》える」の語があります。また「もはや我生くるにあらず、キリストわが内にありて生くるなり」とも申します。「死んで生きるが禅の道」です、いや、宗教の真生命がそこにあります。

趙州はそのとき、履《くつ》をぬいで頭にのせて出て行きました。別に意味などありません。まったく「無心の妙用《みょうゆう》」です。ただとっさに、もはや再び死ぬことのない、斬っても斬れないあるもの（真実の自己）を、そうした仕方で表現しただけです。趙州の表面的な所作などに付いてまわっては、それこそ「野狐禅」もいいところでしょう。要は、一度徹底的に座布団の上で「自我」に死にきることです。そのとき、不思議に、まったく思いがけなく、それこそもう、たくましい宇宙一杯の「無相の自己」に甦ります。それはまったくなんら予期しない偉大な「自己」の誕生の経験です。これを「見性《けんしょう》」（自性を徹見する）と申します。その経験を歌った詩を禅門では「投機の偈《げ》」と言います。筆者にもそれがあります。

筆者の詩でない詩――

二十数年護持の桶、
一朝抜底水留まらず。
期《はか》らざりきこの無底の底、
涌出《ゆじゅつ》す自然法爾《じねんほうに》の水。

「期らざりき」というところに、体験直叙の妙境があります。先師寒松室（宮田東珉）老漢にこれを呈したら、「ウン、平仄《ひょうそく》を合わせて作り直すと、なおいいがな。何？　点検、そいつは室内じゃ」と言われました。

さらに、この詩を恩師鈴木大拙先生に書き送りましたら、「溢《あふ》れ出る水、貰いもち行かぬと、涸《か》るること、ないとも、期し難《がた》からむ」と。

ああ、今や両老漢ともになし。

うつせみの何か思わむ　ここにしてまさしく我のいばりするに

## 21　水瓶《みずがめ》を趯《け》倒《たお》して　（第四十則　趯倒浄瓶《てきとうじんぴん》）

[一]潙《い》山《さん》和尚は、始め百丈の門下で典座《てんぞ》の役についていた。[二]百丈は大潙山の主人を選ぼうとした。[三]そこで首座《しゅそ》とともに「潙山にも」大衆《だいしゅ》に対して何か一句言わせて、

「越格《おっかく》の者が往くがよかろう」

と言った。[四]そこで百丈は浄瓶《じんびん》を取って、地上に置いて、問いを設けて言った、

[五]「浄瓶と呼んではならぬ。[六]君は何と呼ぶか」

[七]そこで首座は言った、

「木楔《ぼうぎれ》と呼ぶこともできません」

[八]百丈は今度は潙山に問うた。[九]そこで潙山は浄瓶を趯《け》倒《たお》して出て行った。[一〇]百丈は笑って言った、

「第《だい》一座《ぞ》はあの山出《やまだ》しめに負けたわい」

[一一]そこで潙山を開山に任命した。

司馬頭陀《しばずだ》（生寂不詳）という地相を見ることの達人がいました。百丈懐海《ひゃくじょうえかい》（七二〇—八一四）禅師の所にきて、「潙山は道場を建てるにふさわしい土地です」と言いました。そこで百丈が「そんなら私が行こうか」と言うと「老師ではダメです」と言います。「なぜ私ではダメ」かと問うと、「老師ではせいぜい千人しか人が集まりません。あそこは千五百人の人を集めるに足る名勝の地です」と言うのです。

そこで、本則の話になりました。潙山道場の新しい主人公を選ぼうというわけです。そのとき、百丈禅師は、首座《しゅそ》といって雲水中の第《だい》一座《ぞ》をはじめ、大衆《だいしゅ》（門下の雲水僧）一同を集めて、「誰か秀れた一句を言い得た者が、潙山に行くがよい」と言って、地上に水瓶を置いて、問いを設けて言いました、「これを水瓶と喚んではならない。何と喚ぶか」。読者のみなさんは、もう先の「首山竹篦《しっぺい》」の公案（四六ページ参照）でおなじみの問題です。そこで、首座は言いました、「棒きれと喚ぶこともなりますまい」。百丈は、今度は、期待の潙山（七七一—八五三。このときは、まだ「潙山」ではありません。「霊祐」と呼ばれた典座《てんぞ》すなわち料理係り主任の雲水でした）に尋ねました。潙山はそこで水瓶を趯《け》倒して、さっさと出ていきました。百丈は笑って言いました、「第一座は、あの山だしの典座にしてやられたわい」。そこで、霊祐に命じて潙山の開山としました。

公案はこれだけです。「水瓶を水瓶と喚んではならぬ、何と喚ぶか」と問われて、一人は「水瓶をまさか、棒きれとも言えますまい」と言いました。もう一人は問題の水瓶を趯倒して出ていってしまいました。師の百丈は後者を肯《うけが》ったというのです。こんな潙山の話を読んで、「何とも禅はすばらしい、胸がすーっとした」と言う人もありましょう。また反対に、「何とも荒々しい、悟り臭くて鼻もちならぬ」と言う方もありましょう。肝心なことは、潙山が趯倒したのは実は水瓶ではなくて、我々の「自我」の〝分別〟だということなのです。潙山のその働きに、この公案の眼目があります。

しかし、そう言っても、まだ納得していただけない読者のみなさんには、私は次のような話を紹介したいと思います。

百丈は、あるとき居間で、弟子の潙山に「そこの炉のうらに火があるか」と問いかけました。潙山は炉の上に手を当ててみて、「ありません」と答えました。すると、百丈は自分でわざわざ立っていって、炉の灰の中を火箸《ひばし》で深くあばいて、ほんのわずかな蛍火《ほたるび》ほどの火種をはさみ上げて、「見ろ、これは火ではないのか」と言いました。

潙山はこのときはっと悟ったと言います。ここを「〈一切衆生には、悉く仏性がある〉と気づいたのだ」と解説された禅匠もありますが、これは先の私の「潙山が趯倒したのは、実は我々の〈自我〉の〝分別〟だった」というのと同じで、いささかならず理に落ちた話です。私がここで言いたいのは、こんな綿密な修行をした潙山の働き、いやそんな綿密な修行をさせた師の百丈が認めた潙山の働きだ、ということに注目してほしいと言うことです。禅の働きというのは、単に荒々しいだけの行持《ぎょうじ》ではないということです。

それともう一つ、ここではミソをつけた首座、のちの華林禅師のためにも一言弁じておきますと、裴休居士《はいきゅうこじ》が華林禅師を訪ねますと、和尚が一人なので、「侍者もいないのですか」と尋ねますと、「二人ほどいるが、俗人には逢わせられぬ」と言うので、「ぜひお目にかかりたい」と言いますと、禅師は大声で「大空よ、小空よ」と呼ばれました。すると、その声に応じて、二匹の大虎が、庵の後ろからのっそり出てきて、「うおーっ！」とほえたというのです。ここでは潙山にしてやられた首座和尚でしたが、のちにはこれだけの道力《どうりき》を身につけた大禅匠でした。

無門は評して言う――

潙山一代の勇気も、いかんせん師匠百丈の檻《おり》を跳び出ることができなんだ。よく点検してみると、潙山の主人というむずかしい仕事を選んで、百丈の典座というやさしい仕事を捨てたことになる。[一四]なぜか？　それ！　[一五]〈鉢巻を脱いで鉄の枷《かせ》を首にはめた〉というではないか。

こうして水瓶を趯倒して、大潙山の主人となり、のちに潙仰《いぎょう》宗の宗祖と称せられた潙山でしたが、それでも師匠百丈の檻から跳び出ることはできませんでした。よくよく考えて見ると、潙山の開山という難行を選んで、百丈山の典座という易行を捨てたことになったのです。なぜか。それ、世間でもよく言うではありませんか、「鉢巻きをぬいで、鉄の枷《かせ》を首にはめた」と。

無門和尚はこう言って、潙山のその後の働きを賞め称えるのでした。

無門は頌《うた》って言う――

[一六]炊事道具の笊《ざる》や杓子《しゃくし》を投げ捨てて、
真向《まっこう》から「浄瓶を」一突《ひとつき》してごたごたした議論を絶ち切った。
[一七]百丈の幾重もの関所も「潙山を」さえぎりとどめ得ず、
足の爪《つま》先で趯り出すと仏も「乱れた」麻のようだ。

## 22　涅槃《ねはん》への一路《いちろ》

（第四十八則　乾峰《けんぽう》一路《いちろ》）

[一]乾峰《けんぽう》和尚は、僧が、

「〈十方の諸仏は涅槃《ねはん》の門へ一筋道を行く〉と言いますが、[二]いったいその路はどこにあるのですか」

と問うたので、[三]拄杖《しゆじよう》を取り上げて、［空中に］一画を引いて言った、

「ここにある」

[四]のちにある僧が［この話について］雲門に教えを請うた。[五]雲門は扇子を取り上げて言った、

「この扇子が飛び上がって、三十三天にのぼり、帝釈天《たいしやくてん》の鼻の孔《あな》を突いた。[六]あの東海の鯉は、一棒をくらわすと、お盆が傾くような大雨が降る」

---

越州乾峰（洞山良价の法嗣《はっす》、生寂不詳）禅師に、ある僧が、「〈十方の諸仏は涅槃《ねはん》の門へ一筋道を行かれる〉と言いますが、いったいその『路』はどこにあるのですか」

と尋ねると、禅師は拄杖《しゅじょう》で空中に一画を引いて言われました、「ここにある」。

「涅槃」というのは、もと釈尊が、生死輪廻《しょうじりんね》の苦しみからの解脱《げだつ》を求めて宗教に入ったときに、六道の生死という〝苦界にふたたび生れることのない〟〝永遠の平安〟の世界をイデーとして立てて、それをかりに「涅槃」と言われたのです。ところが、釈尊はそうした「涅槃」を求めて修行するうちに、期《はか》らずも「菩提《ぼだい》」（悟り）を証されたのです。それでやがて、「涅槃」の語は初めのイデーとして立てられたときの消極的な中味とは違った、〝釈尊の「悟り」そのもの〟を指す語に変わったのです。そして、釈尊がみずからの「悟り」を「四諦《したい》」の法門として説かれ、人生苦の原因を「渇愛」（強い欲望）とされるようになると、その〝「欲望の」火の消えた状態〟と説明されるようになりました。ともあれ、ここにいう「涅槃」とは仏教でいう「悟り」のことです。だから「涅槃の門」は〝悟りの門〟のことです。

　十方の諸仏は、みんなそうした「悟りの門」への「一路」を行くと言われますが、いったいその「涅槃の門」への「一路」は、どこにあるのか、というのが問題です。それに対して、乾峰禅師は、拄杖を取り上げて一画を引いて、「ここにある」と答えられたというのが、本則の前半の公案です。

　この「どこ（甚麼《じんも》）・ここ（者裏《しゃり》）」なる「場所」の発見が、禅道仏法の大事な問題です。そして、乾峰は、それを自分の拄杖で一線を引く、その「即今《いま》・此処《ここ》・自己《じこ》」の働きのところに見る、というのです。そこを離れて、どこにも「仏行《ぶつぎょう》」の場所はないというのです。だから、禅者は「平常」の生活の働きに、諸仏の「涅槃の門」の「一路」を見て、それを行じてやまないのです。

のちに、その僧は先の問題について、雲門文偃《ぶんえん》禅師（八六四―九四九）にさらに教えを請いました。雲門は、扇子を（乾峰は拄杖でしたね。物は何でもよいわけです）取り上げて言いました、「この扇子が飛び上がって、三十三天にのぼり、そこの主人公の帝釈天《たいしゃくてん》の鼻の孔を突いた。また東海の鯉に、一棒をくらわすと、平らなお盆が傾くような大雨が降る」。

大変な勢いです。すさまじい働きぶりです。雲門の手中のこの「扇子」は雲門その人の「無位の真人《しんにん》」でしょう。雲門の一棒を被《こうむ》った「東海の鯉魚」（自我）は、「龍」（自己）となって大雨を降らせるのです。

先には「一路涅槃門」を〝涅槃の門へ一路する〟と読みましたが、それはまた〝涅槃より一路する〟とも読むべきかもしれません。それは語学の問題というより宗学の問題です。「〈自我《エゴ》〉から〈自己《セルフ》〉へ」の向上門は、そのまま「〈自己《セルフ》〉から〈自我《エゴ》〉へ」の向下《こうげ》門でもなければなりませんから。

無門は評して言う――
[七]一人《ひとり》は深い深い海の底を歩いて行って、大砂塵を巻き上げているし、[八]もう一人は高い高い山の頂きに立って、白浪を天一杯にあふれみなぎらしている。[九]しっかりと握りしめるのと自由に放ちやるのと、二人はめいめい片手を出し合って禅の宗旨を建立《こんりゅう》しているのだ。[一〇]まるで二匹の駱駝《らくだ》が正面からぶつかったようで、これとまともに対抗できる人は世間にはいないだろう。[一一]正しい眼で見てくると、乾峰・雲門の二大老も、まだあの涅槃門への路がお分かりでないのだ。

一人は深海の底を行って、そこで大砂塵を巻き上げている。もう一人は高山の頂きに立って、白浪を溢れみなぎらせている。「把定《はじょう》」（ぐっと握りしめる）のと「放行《ほうぎょう》」（自由に放ちやる）のと、二人で片手を出し合って宗旨を建立している。まるで二匹の駱駝《らくだ》が正面からぶつかったようで、まともに対抗できる者はいないだろう。乾峰が把定なら、雲門は放行だろうか。しかし、正眼で見ると、二大老もまだあの「涅槃の門」への路がお分かりでない。――無門はこう評します。

無門は頌《うた》って言う——

[一二]まだ足をあげない前にもう「目的地に」着いており、
まだ舌を動かさぬうちに説いてしまっている。
[一三]たとえ一手一手機先を制したとしても、
さらに向上《そのうえ》の詰《つ》めがあることを知らねばならぬ。

# 23　徳山《とくさん》の大悟《だいご》

（第二十八則　久嚮《きゅうきょう》龍潭《りょうたん》）

[一]龍潭《りょうたん》は、徳山が教えを請いにきて、夜になったので、

「[二]夜もふけたことだし、あんたもう下《さが》ったらどうじゃ」

と言った。[三]徳山はそこでお別れの挨拶をして、簾《すだれ》を上げて外へ出た。[四]外が真っ暗なのを見て、引き返してきて言った、

「[五]外は真っ暗です」

[六]龍潭は手燭に火をつけて渡した。[七]徳山がそれを受け取ろうとしたとたんに、[八]龍潭はふっと吹き消した。[九]徳山はそこではっと悟って、すぐに礼拝した。[一〇]龍潭は言った、

「あんたはいったいどんな大事を悟ったのだ」

[一一]徳山は言った、

「私は今日《こんにち》以後、天下の老和尚の言葉を疑いません」

[一二]翌日になって、龍潭は法堂《はっとう》（説法のための建物）に陞《のぼ》って言った、

「[一三]もしも一人の男がいて、牙《は》は剣の樹林のようで、口は血のお盆《ぼん》に似ていて、一棒をくらわしてもふり向きもせぬなら、将来いつの日か［彼は］孤峰の頂上で私の道を立てるであろうぞ」

[一四]徳山はそこで『金剛経』の註釈書を取り出して、法堂の前で一本の炬火《たいまつ》をふり上げて言った、

「[一五]たくさんの奥深い説明を窮めても、一本の毛を大虚空に置いたようなものであり、[一六]世間の機微を尽くしても、一滴の水を大谿谷に投じたほどのことにすぎない」

[一七]こういって、すぐに註釈書を焼いて、そこで龍潭を辞し去った。

---

無門は評して言う——

[一八]徳山はまだ故郷の関所を出ないとき、心がいきどおりに満ちて口もどもるほどで、わざわざ南方まできて、教外別伝《きょうげべつでん》を説く禅の宗旨を滅ぼそうと思った。[一九]そして澧州《れいしゅう》の途上まできたときに、老婆に間食（点心）を買いたいと求めた。[二〇]老婆は言った、

「和尚さん、荷物の中はどんなご本ですか」

[二一]徳山は答えた、

「これは『金剛経』の註釈書だ」

[二二]老婆は言った、

「たとえば『金剛経』に、〈過去の心は把《とら》えられぬ、現在の心も把えられぬ、未来の心も把えられぬ〉といってありますのに、[二三]和尚さんはどの心に点心しようとされるのですか」

[二四]徳山はこの一問を受けて、口を「へ」の字に結んだように何も答えられなかった。[二五]それはそうだが、徳山は老婆の一句で参ってしまうことを、みずから承知しなかった。

[二六]そこで老婆に尋ねた、

「近処に何という禅匠がいるか」

[二七]老婆は答えた、

「五里ほどの所に龍潭和尚がおられる」

[二八]徳山は龍潭に着いて、まったく失敗してしまった。[二九]前言が後語に相応しない、と評してよい。[三〇]龍潭は子供かわいさに自己の行為の醜さも意識せず、徳山に少しばかりの成仏の火種があるのを見て、あわてて汚水をいきなり頭から一つぶっかけた。

## 三二　冷静に観察すると、まったく［お二人とも］一場のお笑い草だ。

本則は無門和尚の「評唱」を先に読んでおくほうが分かりやすいと思うので、そうします。

徳山宣鑑禅師（七八二？―八六五）は、まだ故郷の蜀《しょく》の関所を出ないとき、南方に禅宗という新興仏教が興って、教外別伝《きょうげべつでん》などという邪教を説いていると聞いて、心にいきどおりを抱いて、そういう邪教を滅ぼそうとして、はるばる南方へやって来ました。そして澧《れい》州の途上まで来て、茶店で間食を取ろうとして、店の老婆に点心を求めました。

老婆は言いました、「和尚さん、その荷物の中は、どんな本ですか」。徳山は答えました、「これは『金剛経』の註釈書だ」。彼はその俗姓を冠して「周金剛」と称されたほどの『金剛経』の専門学僧でした。

老婆は言いました、「聞くところによりますと、『金剛経』には、〈過去の心は把えられない、現在の心も把えられない、未来の心も把えられない〉と書いてあると言いますが、和尚さんはどの心に点心しようとされるのですか」。徳山は老婆のこの一問を受けて、口を「へ」の字に結んだまま、何とも答えられませんでした。でも、徳山は老婆の一句で参ってしまうことを、みずから承知せず、こんな老婆がこれだけの見識をもっているのは、近くに老婆を導いた禅匠がいるに違いないと考えて、老婆に尋ねました、「近くに禅匠がいるか」。老婆は答えました、「五里ほどの所に龍潭和尚さまがおられます」。

これからが、本則の話になります。

徳山は早速に龍潭禅院を訪ねて教えを請いました。たぶん多年の蘊蓄《うんちく》を傾けて、『金剛経』の法理を談じこんだと考えられます。黙って聞いておられた龍潭禅師は言われました、「夜もふけたことだし、あんたもう下がって休んだらどうじゃ」。徳山はそこで挨拶をして簾《すだれ》を上げて外へ出ました。しかし、外は真っ暗で、旦過寮《たんがりよう》への路が分かりません。引き返して来て言いました、「外は真っ暗です」。龍潭は、手燭をつけて渡しました。徳山が、それを受け取ろうとしたとたんに、龍潭はふっと吹き消しました。また真っ暗になりました。徳山は、そこではっと悟って、ただちに礼拝しました。龍潭は言いました、「私はもう天下の老和尚の言葉を疑いません」。「即心即仏」が分かりました。「教外別伝」が納得できました、というのです。

翌日になって、龍潭禅師は法堂《はっとう》に出て言われました、「もし一人の男がいて、牙は剣の樹林のようで、口は血のお盆に似て、一棒をくらわしても、ふり向きもせぬなら、将来彼は孤峰の頂上で私の道を立てるであろうぞ」。

徳山は、そこで『金剛経』の註釈を取り出して、法堂の前で炬火《たいまつ》を振り上げて、言いました、「たくさんの奥深い説明を究めても、一本の毛を虚空に置くようなもの、世間の機微を尽くしても、一滴の水を渓谷に投じるほどのことだ」。

こういって、すぐに註釈書を焼いて、龍潭禅院を辞し去りました。

これが公案です。

無門和尚は、先の「評唱」の文に続けて言います、「徳山は龍潭でまったく失敗した。前言が後語に相応しない。邪宗の折伏《しゃくぶく》はどうなったのだ。龍潭も龍潭だ、子供かわいさに自分の行為の醜さを意識せず、徳山に少しばかりの成仏の火種があるのを見て、あわてて汚水をぶっかけて、早々と証明した。冷静に観察すると、お二人とも一場のお笑い草だ」。

言うまでもなく、これを文字どおりに受け取ってはなりません。例の「口でけなして、心でほめて」という、禅宗独自のレトリックなのですから。

無門は頌《うた》って言う——

名前を聞くより直接に顔を見るほうがよい、

顔を見るより間接に名前だけ聞くほうがよい。
［[三三]徳山は龍潭によって］鼻の孔を救うことはできたが、
目玉をぶっつぶしてしまったのをどうしよう。

## 24 平常心《へいじょうしん》が道《みち》である

（第十九則　平常是道《へいじょうぜどう》）

[一]南泉は趙州《じょうしゅう》が、
「道とはどんなものですか」
と尋ねたので、
[二]「ふだんの心が道である」
と答えた。
[三]趙州は問うた、
「それをめざして修行してよろしいでしょうか」
[四]南泉は答えた、
「めざそうとすると、すぐにそむく」
[五]趙州、「めざさなかったら、どうしてそれが道だと知れましょう」
[六]南泉、「道は知るとか、知らぬとかいうことに関わらない。[七]知るというのは妄覚だ、知らぬというのは、無記《むき》だ。[八]もしほんとに〈めざすことのない道〉に達し

たら、ちょうど虚空のようで、からりとして空《くう》である。[九]そこをむりにああのこうのということなどできはしない」
[一〇]趙州は言下《ごんか》に悟った。

これは趙州従諗《じゅうしん》禅師が、数え年の十八歳で、南泉禅師のもとで大悟した因縁です。南泉に趙州が、「道とは何ですか」と尋ねました。「道」とは、仏教でいう「悟り」のことですが、それを中国では、あくまでも実践的に、「道」として問題にしたのです。西洋人なら、さだめし「理」（言葉《ロゴス》・法理）というところでしょう。

南泉はそれに対して、「ふだんの心が道だ」と答えました。これは実は、南泉の語ではなく、南泉の師匠の馬祖禅師の語です。

趙州は重ねて尋ねました、「それをめざして修行してよろしいでしょうか」。「平常心が道だ」というなら、それを「理念《イデー》」として、それを目標に、その境地をめざして修行したら、悟って「道」を体得できるのでしょうね、ということです。

すると、南泉は答えました、「めざそうとすると、すぐにそむく」。「道」はけっして「理念」として、それを外に立ててめざすものではない。そういう修行をしてはならん、というのです。「イデー」（理念・理想）を外に立てて、それを実現しようとするのは「アイディアリズム」（理想主義）です。しかし、だからと言って、それを内に見ようとするのではありません。それでは「ミスティシズム」（神秘主義）です。仏教は「超越論」でも「内在論」でもありません。「有神論」（セイズム）でも「汎神論」（パンセイズム）でもありません。あえて言うなら「万有在神論」（パンエンセイズム）です。

　そこで、趙州は尋ねます、「そんなことをおっしゃっても、それをめざして修行しなかったら、どうしてそれが道だということが知れましょう」。これは、「自我」の「分別」の立場に立つかぎり、当然の質問です。

　南泉は答えます、「道は〈知る〉とか〈知らぬ〉とかいう分別には関わらない。〈知る〉というのは〈妄覚〉（誤った悟り）だ、〈知らぬ〉というのは〈無記〉（白紙）だ。もし真に〈めざさない道〉に達したら、ちょうど虚空のようで、からりと〈空〉である。そこはむりにああのこうのということのできないところで、一切の分別はとどかないのだ」と。

　趙州は師のこの言下に悟りました。「道」は「悟り」は、「自我」が「空」じられた「無我」のところで、自覚体認される「本来の自己」（無我の我）なのです。「自我」の本質は「分別」です。「分別」が死なないかぎり、「本来の自己」（無位真人・仏陀）

は体得できないのです。

無門は評して言う――

[一一]南泉は趙州に質問されて、瓦がくずれ氷がとけるようにくずれ去って、なんの説明もできない結果になってしまった。[一二]趙州がかりに悟ったとしても、「この無門に言わせれば」さらに三十年参じてはじめてよろしい。

これも例の「拈弄」（禅的な鑑賞。上げたり下げたりの、一種の言語のスポーツ）です。

無門は頌《うた》って言う――

[一三]春には花　秋には月、
[一四]夏は涼風《すずかぜ》　冬は雪。
もしくだらぬことが心にかからねば、
それこそ人間世界の好時節だ。

「自我《エゴ》」に死んで「自己《セルフ》」に復活した「真人《しんにん》」の「平常心是れ道」の日々を歌ったものです。

道元禅師に、「春は花　夏ほととぎす　秋は月　冬雪さえて涼しかりけり」の和歌があります。

# 25　法眼《ほうげん》の一得一失《いっとくいっしつ》

（第二十六則　二僧巻簾《にそうけんれん》）

一 清涼《しょうりょう》の大法眼《だいほうげん》は、僧がお斎《とき》の前に参じたので、手で簾《すだれ》を指《さ》した。二 そのとき二人《ふたり》の僧がともにそこへ行って、簾を巻き上げた。三 法眼は言った、「一人《ひとり》はよいが、一人はだめだ」

清涼《しょうりょう》の法眼文益《ほうげんぶんえき》禅師（八八五―九五八）は、僧が斎座《さいざ》の前にやって来たので、黙って手で簾《すだれ》を指されました。そのときに、二人の僧が同じようにそこへ行って簾を巻き上げました。禅師は言われました、「一人はよいが、一人はだめだ」。

「一人はよい、一人はだめだ」と訳しました原語は、「一得一失」ですが、この語を、ある禅匠は、〝一人は道を得た、一人は道を失った〟と解釈されていましたが、これは間違いです。ここの「得失」は〝得た、失った〟という動詞ではなくて、〝よい、よくない〟という形容詞です。「是非、得失」という熟語で使われます。こんなことは、宗旨の上から言えば、第二義ですが、漢文はまず外国語として語学的に正しく読むことが大切だと思います。第一義の宗旨の了解とか、そして禅でいう拈弄《ねんろう》とかの鑑賞はそのうえでのことでなければならないと思います。

法眼文益禅師は、法眼宗の宗祖です。「斎座」は〝おとき〟とも言って、インド以来の僧院の定めで、午前中にとる一日一食の正餐（ディナー）です。ここでは、ただたまたまそうした時間に、修行僧がやってきたというだけの話であって、別にそれ以上の意味はありません。問題は、そのとき禅師が簾を指されると、二人の僧が同じように簾を巻き上げました、それに対して禅師が「一人はよいが、一人はだめだ」と言われました、その言葉です。ここでは、禅師のこの「言詮《ごんせん》」（言語表現）が問題です。その語にどんな宗旨が秘められているのか。そこがこの則の工夫のしどころであります。

『臨済録』にも似たような話があります。ある日、東西の両堂の第一座が出逢って、同時に喝をはきました。僧たちがそのことを問題にして、臨済禅師に尋ねました、「やはりお二方に優劣がありますでしょうか」。臨済は言いました、「優劣ははっきりしている」。この臨済の答えの原語は、「賓主歴然《ひんじゅれきねん》」です。臨済禅師は何を言われたのでしょうか。

無門は評して言う——

[四]まあ言ってみよ、誰がよくて誰がダメなのか。[五]もしここに一つの心眼をつけることができたら、すぐに清涼国師の失敗の処が分かるだろう。[六]それはそうだが、けっしてヨイとかダメだとかいうところに向って究明しようとしてはならないぞ。

無門和尚は、この公案を評して言います。——まあ言ってみよ、どっちがよくてどっちがだめなのか。もし、ここを、一つの心眼で見ぬくことができたら、法眼禅師の失敗のところが分かるだろう。それはそうだが、断じてヨイとかワルイとかいうところに向かってこの則を究明しようとしてはならないぞ、と。それは無門和尚の親切なご注意です。

この公案を解して、同じように二人とも簾を巻き上げたのだが、一人の僧はまだ道を得ていなかった、もう一人の僧は道を得ていたから、「一人はよくて、一人はだめだ」と言われたのだ、などと解してすませたら、それは「道徳」の世界の精神修養の話で、まったく「宗教」の話ではなくなってしまいます。「徳」は〝得〟なりということで、話がすんでしまいましょう。

ここにはぜひ無門和尚のいう「一隻眼《いっせきげん》」が必要です。横についている二つの〝肉眼〃でなくて、縦《たて》についた一つの〃心眼〃を開くことが、何としても大切です。「心眼」でこの公案を見ると、さすがの法眼禅師も、〃ボロを出した〃というところがあると無門和尚は言われます。どこが法眼禅師の「しくじり」のところでしょうか。ともかく、これは単なる「得失、善悪」の「分別」の世界の話ではない、ということです。「自我」を「空」じた「無我」のところで、「一隻眼」を開いて、「無分別の分別」に生きる「真人」として生きてはじめて了解できる世界だというのです。

無門は頌《うた》って言う――
〔簾[七]を〕巻き上げると明るい大空につきぬける、
大空もなおまだわが宗にかなわない。
空[八]からそっくり〔簾を〕下におろして、
綿々密々風も通らぬのにこしたことはない。

簾を巻き上げると、明るい大空につきぬけます。だがその雲一つない青空のような心境も、まだわが宗の心には契《かな》いません。「差別」のない「平等」は悪平等です。その大空のところに簾を下におろして、綿々密々風も通らぬ心境こそ、わが宗の心なのです。これは「空」の境地も否定した「仏向上」（仏の〝その上〟）の境地を指して言ったものです。真禅は「悟了同未悟」（悟り了れば未だ悟らざるに同じ）です。「平常心是れ道」（馬祖）です。

## 26 趙州《じょうしゅう》が庵主《あんじゅ》をテストする

（第十一則 州《しゅう》勘《かん》庵主《あんじゅ》）

[一]趙州《じょうしゅう》和尚はある庵主の所へ行って尋ねた、
「何かあるかい」
[二]庵主は拳《こぶし》をおっ立てた。[三]趙州は言った、
「水が浅くて船を泊《と》める所ではないわい」

と言って、さっさと出て行った。
[四]またある庵主の所へ行って言った、
「何かあるかい」
[五]その庵主もまた拳をおっ立てた。[六]［すると］趙州は、
「おっぽっておくのも奪うのも、活かすのも殺すのも、よく自由にできる［人物だ］」

と言ってすっと礼拝した。

趙州従諗禅師は、ひとりの庵主のところに行って、「あるか、あるか」と言われました。すると庵主は拳《こぶし》をにゅっと突っ立てました。禅師は「水が浅くて、私のような大船はとうてい泊っておれんわい」といって、さっさと立ち去られました。そして、重ねてもうひとりの庵主のところに行って、「あるか、あるか」と尋ねました。ここの庵主も、同じように、拳をにゅっと突っ立てました。すると禅師、こんどは、「よく許しよく奪う、よく殺しよく生かす」とほめて、すっと礼拝されました。

公案はこれだけです。「庵主」というと、今日では〝尼さん〟のことを言いますが、本来は一寺の住職として出世――文字どおり〝世に出る〟という意味で、ここから俗にいう「出世する」という語が出たのです――せず、名利《みょうり》を厭《いと》って小庵に住して、聖胎《しょうたい》長養（悟後の修行のこと）し道を楽しんでいる僧をいう言葉でした。趙州禅師が、そうしたひとりの庵主のところへ行っての問答商量です。「有りや有りや」（有麼有麼）は、「居るか居るか」（在麼在麼）とは違って、「何か有るか」の意です。あなた自身の得た悟りの境地でもあれば、私に出して見せてくれ、というのでしょう。しかし、「有り」は〝存在する〟意と同時に〝居《お》る〟の意にも訳せるという説もあって、それなら「居《お》るかい」という意になります。語学的にはともあれ、公案としては、どちらでも通じます。

趙州の問いに対して、その庵主は黙って拳を立てました。禅師は、「君の所は水がたいへん浅くて、私のような超弩級の大船は船泊《ふなどま》りできん」、こう言ってさっさと出て行かれました。またもうひとりの庵主に同じように問われました。当時の禅界の流行でもあったのでしょうか、この庵主も黙って拳を立てました。すると、今度は禅師は、「よく否定しよく肯定する、たいした大禅匠だ」と言って、すっとおじぎをされました。

無門は評して言う——

[七]二人とも同じように拳をおっ立てたのに、なぜ一方は肯定し、他方は否定したのか。[八]まあ、言ってみよ。この奇妙なややこしさは、どこにあるのか。[九]もしここで一転語が下《く》だせたら、すぐに趙州の弁舌がなめらかであるということが分かり、扶《たす》け起こす（肯定）のも放《お》し倒す（否定）のも、まことに自在に働けるであろう。

[一〇]それはそうだが、趙州のほうがあべこべに二人の庵主に「その心境を」試験されてしまっているのを、どうしよう。[一一]もし二人の庵主に優劣があるというなら、まだ参学の眼を具《そな》えていない。[一二]もし優劣がないというなら、それもまた参学の眼を具えていない。

同じように拳《こぶし》を立てたのに、趙州はなぜ一人は肯定し一人は否定したのでしょうか？　この入りくんだ見がたさは、いったいどこにあるのでしょうか？　もし、ここで転迷開悟の一転語を吐《は》くことができたら、すぐに趙州禅師の舌頭に骨がなく、否定も肯定もホメルのもケナスのも自由自在であることが分かるでしょう。それはそうだが、趙州禅師のほうがあべこべに二庵主に見破られてしまっているのをどうしよう。もし二庵主に優劣があるというなら、まだ参学の眼をもたぬ者です。もし優劣がないというなら、それもやはりまだ禅に参ずる眼がない、と言わねばなりません。

さて、この公案を、同じように拳を立てても、その人の境涯、その人の人格の力によって、一方は肯定され一方は否定された、と見たのでは、世間の常識論に堕してしまいます。これはすでに前則で見たとおりです。そうかといって、味噌《みそ》も糞《くそ》もいっしょにして優劣なしと言っても当たりません。さあ、この入りくんで見がたいところは、いったいどこに公案の眼目があるのでしょうか。ここを見ぬいて、否定も肯定もまったく自由自在の趙州その人の手許《てもと》を徹見せよ、というのが、公案の眼目です。

古人はここで、「一樹春風有両般、南枝向暖北枝寒」（一樹の春風に両般あり、南枝は暖に向い北枝は寒）と著語《じゃくご》しておられます。言葉の上では一人を肯定し一人を否定しているのですけれども、「難波《なにわ》の葦《あし》は伊勢の浜荻《はまおぎ》」で、名は所によって変わっても物は一つ、という仔細を考えて見なければなりません。

要は、表面の否定・肯定に執《とら》われず、その趙州その人の自由な〝働き〟の出てくる根源、趙州その〝人〟に契当《かいとう》しないかぎり、この公案は透りません。暖に向う肯定の南枝も、寒に向う否定の北枝も、ともに趙州という〝一樹〟の春風の働きの現われです。私どもはここで「花枝おのずから長短にして、春風に高下なき」消息に通じねばなりません。

そこからこそ、真に肯定するときには徹底肯定し（活人剣）、否定するときは徹底否定する（殺人刀）という、禅者の〝大自在底の働き〟が出てくるのです。「把定則真金失色、放行則瓦礫放光」（把《は》定《じょう》するときには真金も色を失い、放行《ほうぎょう》するときには瓦礫《がれき》も光りを放つ）と申します。

最後に趙州が逆に二庵主に勘破《かんぱ》されたというのは、ほめられようとくさされようと、さらに「我関せず焉《えん》」という二庵主の、天地ひた一枚の「絶対の拳頭」の前には、趙州もまったく手が出ません。「けろりかんとして柳に烏かな」と見て、「否定したり肯定したりの趙州の一人芝居も、とっくに二庵主に見ぬかれていたよ」と、無門和尚ここでは二庵主の側に立っての拈弄《ねんろう》です。

無門は頌《うた》って言う——
一三眼《まなこ》（見処）は流星のようで、
機《はたらき》（用処）は閃電光《いなびかり》のようだ。
一四人を殺す否定の刀《かたな》、
人を活かす肯定の剣《つるぎ》。

## 27 路上《ろじょう》で達人《たつじん》に逢《あ》ったら　（第三十六則　路《ろ》逢《ほう》達《たつ》道《どう》）

[一]五祖法演は言った、
「[古人も]〝路上で道に達した人に逢ったら、語をもっても黙をもっても対しない〟という。[二]まあ言うてみよ、何をもって対したらよいか」

---

五祖法演禅師は言われます、「古人（香厳智閑《きょうげんちかん》）は『譚道』の頌《じゅ》で〝路上で道に達した人に逢ったら、語をもっても黙をもっても対しない〟と言った。まあ、諸君、言ってみよ、何をもって対するか」。

例の中国公案禅の大成者、中国は宋代の禅匠五祖山（唐代に達磨大師から五代目の五祖弘忍《ぐにん》禅師のいた山。東山ともいう）の法演和尚の問題提起です。路上で達道の人に出逢ったら、語でも黙でも対しない、と古人も言った。では何で応対するか、というのです。

「仏法は無我にて候」です。「死んで生きるのが禅の道」です。「語」でも「黙」でも対しないというのは、「自我」では対しないということです。「自我」を空じて、自我《エゴ》に死んで無我になって、真の自己《セルフ》に生きて、死・復活した「無相の自己」で対するなら、それが禅者の応対というものです。そうであってこそ、出逢った「達道の人」も、大いに喜んで応対されることでしょう。

白隠下の室内の公案に「我死し彼死す、何の処に向《お》いてか逢わん」というのがあります。そのばあいは、死んだ者（したがって、復活した者）同士の出逢いのことですが、ここでは、達道の人に出逢ったこっちの応対の仕方だけが問われています。

死んだことのない「自我」のままで応対しますから、「語黙をもって対しない」となど言われますと、ただもうとまどってしまうのです。しかし、ちょっと禅に参じた者が、「自我」ではなくて「無我の我」（無相の自己・無位の真人）で対するなら、「語もよし、黙もよし」というくらいの見解《けんげ》は、すぐに立つことでしょう。それで、その見地から師家《しけ》に答えを呈するでしょう。しかし、それではこの公案は透りません。

飯田欓隠《とういん》老師も、「〝路に〟というところに師家のはめ手がある。八幡《やわた》の藪《やぶ》くぐりがこしらえてある」と言われています。これは「言詮《ごんせん》」の公案なのです。東山法演禅師は一見何でもないように、「路で達道の人に出逢ったら」と言われているのですが、この何でもない言葉にこめられている宗旨の所在を見抜くことができなければ、この公案をものにしたとは言えないからです。

そこをにらんで無門和尚は言います——

無門は評して言う——

[三]もしここでぴたりと対《こた》えることができたら、まことに愉快ではないか。[四]もしかしてそうでないなら、やはりすべての所に眼を著《つ》けてよく見とどけねばならないぞ。

そこがぴたりと答えられたら、まことに愉快だ。もしそうでないなら、もう一度この公案全体によく眼を着けて、よくよく見とどけることが必要だと。「一切処」というのは、どこのことでしょうか。常にこの公案を胸にひっさげて、朝から晩まで、すべてのところで工夫せよ、というのです。しかし、そこを私のように、公案全体をもう一度よく点検して、「路」の一字について工夫せよと読んでもよいでしょう。

無門は頌《うた》って言う——

[五]路上で道に達した人に逢ったら、

語でも黙でも応対しない。
六 相手の腮《あご》つかんでまっこうからゲンコツをくわせる、
すぐに分かる者は分かるはずだ。

## 28 他《かれ》とは誰《だれ》か

（第四十五則　他《た》是《ぜ》阿《あ》誰《すい》）

一東山の法演禅師が言われた、
「釈迦も弥勒《みろく》も、やはり他《かれ》の奴僕である。二まあ言うてみよ、他とは誰か」

これも五祖（東山）法演禅師の公案です。五祖法演が言いました、「過去仏の釈迦も未来仏の弥勒も、他《かれ》の奴僕である。まあ言うてみよ、他《かれ》とは誰のことか」。「仏教」は〝仏陀が説かれた教え〟です。と同時に、我々めいめいが〝仏に成る教え〟です。「釈迦」も「弥勒」も、過去仏と未来仏の差別こそあれ、平等に「仏」（〝成仏した者〟、すなわち〝覚者〟）です。「釈迦も弥勒も他《かれ》の奴僕だ」というのは、一切諸仏が「他」（「他」は〝第三人称の代名詞〟で、〝彼〟とか〝彼女〟とかの意です）の奴僕だということです。そうした一切諸仏を奴僕とする「彼」（彼女）とは何物か、という問いです。

釈尊は、成仏したとき、「天上天下、唯我独尊」という心境に立たれました。仏伝ではそれを誕生直後の宣言として描いたことは、周知のところです。雲門禅師は、「そのとき私がその場にいたら、そんな奇怪な赤ん坊などぶっ殺して、死骸は犬にくわせたものを」と言いました。大恩教主釈迦牟尼仏に対して、何という不遜な言辞かと言ってはなりません。雲門はそう言うことによって、自己自身を釈尊とまったく等しい「唯我独尊」の境地に立たせていたのです。すでに申しましたように、こんな表現を、禅門では、「拈弄《ねんろう》」と言うのです。禅者独特のレトリックです。

成仏して、仏に成って、「天上天下、唯我独尊」の心境になった人、そうした「絶対主体」を確立した人は、「釈迦」も「弥勒」も〝奴僕〟とするような「真人《しんにん》」です。

このくらいのことは、これもちょっと禅に参じた者なら、すぐに見解《けんげ》が立つでしょう。しかし、それではこの公案は透りません。本則もまた前則の「路」の字と同様に、「奴」の一字を字眼として参じないかぎり、ほんとうにこの公案に参じたとは言えないからです。諸方の室内ではどうか知りませんが、わが越渓・禾山下の室内ではそうです。

無門は評して言う――

三 もし他《かれ》をはっきり見て取れたら、たとえば十字街頭で、自分の父親に出会ったのと同じで、[四]そのうえに他人にそれが父親かどうかを問う必要はない。

この無門和尚のコメントは、もう解説の必要はないでしょう。

無門は頌《うた》って言う——

[五]他人の弓はひいてはならぬ、
他人の馬には騎《の》ってはならぬ。
[六]他人の落度《おちど》は言ってはならぬ、
関係のない他事《よそごと》には関知してはならぬ。

無門のこの詩は、ちょっといただけません。まあ、いちおう文字どおり読んで、「自己」を忘れて「他」に眼を向けずに、「自己」の脚下を照顧せよ、という教えと受け取っておきましょう。

## 29　兜《と》率《そつ》の三関《さんかん》　（第四十七則　兜《と》率《そつ》三関《さんかん》）

[一]兜率《とそつ》和尚は三つの関門を設けて修行者に問うた、
[二]「諸国を行脚して名師を訪ねるのは、ただ見性《けんしょう》を目的とする。[三]ただ今あなたの本性はどこにあるか。[四]自己の本性を悟れたら、今こそ生死を解脱することができる。[五]死に臨んでどう生死を解脱するか。[六]生死を解脱することができたら、ただちに行く場所が分かる。[七]肉体を構成する四つの要素がばらばらになって死んだらどこに行くか」

---

兜率従悦《とそつじゅうえつ》禅師（一〇四四―一〇九二）は、臨済宗黄龍派の人で、黄龍の法嗣《はっす》宝峰克《こく》文《もん》に参じてその印可を得ました。それで法祖父の設けた「黄龍の三関」に倣《なら》って、新たに自己の三関を設けたと言われます。参考のために、「黄龍の三関」を挙げておきます。

黄龍の三関
一、私の手は仏の手と比較してどうか。
二、私の脚は驢馬《ろば》の脚と比較してどうか。
三、人にはめいめい誕生の縁の土地がある。君の生縁の地はどこか。

「兜率の三関」の第一関は、諸国を行脚して名師を訪ね、参禅するのはただ「見性《けんしょう》」(心眼を開いて自己の本性すなわち仏性《ぶっしょう》を徹見すること、悟って仏すなわち真人《しんにん》になること)を目的とする。ただ今あなたの自性《じしょう》はどこにあるか、というのです。ここに〝諸国を行脚して名師を訪ね〟と訳した原語は、「撥草参玄」(草を撥《はら》って玄に参ずる)で、〝草を払って諸方を行脚して名師を訪ねて禅の悟りを学ぶ〟の意にも、また〝煩悩の草を払い除いて仏法の玄要に参ずる〟意にも解せられます。要するに〝禅に参ずる〟ことです。

だから、これは「見性」の大事のことですが、しかし、白隠下では、この公案は単に見性のための「法身《ほっしん》」の則としては扱いません。もう少し、進んだ境地の公案として見ます。そこのところを、「〈見性入理〉や〈法身辺際〉あたりの則を見たからといって、この則はなかなか歯がたたない」などと言って、古来「自利の極」を示す公案と言われたりするのです。

第二関は、見性して自己の本性が悟れたら、そのときは生死《しようじ》を解脱《げだつ》することができる。では、死に臨んで眼をつぶるとき、どう生死を解脱するか、というのです。

私の従兄《いとこ》は、一般の日本人の知識人の一人ですが、宗教というものは、臨終のときに安らかに死ねるためのものだ、というようなことを言っていました。まあ、一般の人々はそのくらいの認識でしょう。しかし、禅としては死ぬときのことなど、実はどうでもよいのです。大切なのは、日常ふだんの生きざまです。ほんとうに見性したら、生死が解脱できなければなりません。「生死」というのは、〝誕生と死〟ということではありません。〝迷いの人生〟の意です。迷いの人生をどう解脱するか。「眼光落つる（臨終）時」も、大事ですが、平生《へいぜい》ふだんの日常生活の中で、どう解脱するかです。臨終のときのことは、その人の業《ごう》（因果の理法にからめられた過去の行為）と縁で、安らかな死でも、苦しみ三昧《ざんまい》の死でも、どちらでもかまいません。

第三関は、生死を解脱できたら、ただちに行く場所（去処《こしよ》）が分かる。四大（肉体を構成する四つの要素）が分離して死んだら、どこへ行くか、というのです。

先に「生死」と言った語は古代インド語（梵語）の原語では、「サムリーラ」で、それはまた例の「輪廻《りんね》」という語の原語でもあります。古代のインド人は、死が終わりではなく、肉体は死んでもまた生まれ変わって、次の生を得ると信じていました。〝生まれ変わり、死に変わり〟して、無限の生死を繰り返すというのです。「因果は廻《めぐ》る小車《おぐるま》の」と言って、生前の業《ごう》（行為）によって、「地獄・餓鬼・畜生・修羅・人間・天上」の「六道」を輪廻するというのです。人生五十年か七十年の苦しみなら、何とかがまんのしようもありますが、生まれ変わり死に変わり、無限の長時を苦界に生死することに対して、心からの恐怖を抱いた古代の人々は、ひたすら生死・輪廻の苦しみからの解脱を願ったのです。

釈尊の求道《ぐどう》もまた、その出発点は、そこからでした。釈尊は、「生死」の解脱を求めて、もはや〝苦界に再生することのない永遠の安らぎ〟を求めたのです。それが「涅槃《ねはん》」でした。しかし、釈尊は「涅槃」を求めていくうちに、期《はか》らずも「菩提《ぼだい》」を証したのです。「悟り」を開いたのです。「不生不滅」の「心性本清浄《しんしょうほんしょうじょう》」なる「本来の自己」を自覚体認したのです。そして、その「本来の自己」に生きる道を教えたのです。それが「仏教」でした。

ですから、私は、悟ったのちの釈尊が「輪廻・転生《てんしょう》」などを信じたはずはないと思います。道元禅師も、また「心常相滅」は「外道の邪見」だと言われました。「身相」すなわち〝肉体〟は死んでも滅びても、「心性《しんしょう》」すなわち〝霊魂〟は常住で不滅だというのは、先尼《せんに》外道の考え方で、「仏教」ではないと言われました。しかし、一般の日本人は、〝肉体は死んでも、霊魂は死なない〟と考えて、古代インド人の「輪廻・転生」説を、仏教だと間違っているのではないでしょうか。みずから信じるというのはよいとして、「三世《さんぜ》の因果」を信じないのは「仏教」でないなどと言い出すので困るのです。

この公案でも、「生死を脱得すれば、便《すなわ》ち去処《こしょ》を知る。四大分離して甚《なん》の処に向かってか去る」というとき〝死んでどこに行くか、その行く先が分かる〟というふうに、「三世（前世・現世・来世）の因果」説による「死後の行き先」が分かることだと解釈したりします。わが越渓・禾山下の室内では、そんな死後の話にせずに、どこまでも「即今《いま》・此処《ここ》・自己《じこ》」の、生きているこの日常生活の上で、この公案を見るように指導します。私は、悟ったのちの釈尊が、生死輪廻などということを信じられたはずはないと言いました。しかし、それはいわゆる「一期《いちご》の生死《しょうじ》」のことです。人生五十年、七十年という生涯を、生まれ変わり死に変わり、いわゆる「転生《てんしょう》」するというのが、それです。悟った者は、ただ「即今・此処・自己」だけに生きます。何で過去の生だの未来の生だのを思い煩う必要がありましょう。「一期の生死」の輪廻転生など禅者にはまったく無縁の思想です。

しかし、このことは「刹那《せつな》の生死《しようじ》」という厳然たる事実を否定することではありません。一念心の貪《むさぼ》りを生じては餓鬼道に堕《お》ち、一念心の瞋《いか》りを生じては修羅道に堕ち、一念心の恥知らずに堕ちては畜生道に入り、一念心の愚痴を生じては地獄に堕ちるのです。これが、「貪《とん》・瞋《じん》・痴《ち》」の「三毒」煩悩に悩まされ、無明《むみよう》の闇に迷って、生きながら「三悪道・四悪趣」に堕ちる衆生の「去処」（行く先）です。釈尊は、「成《じよう》道《どう》して」「見性《けんしよう》」成仏することによって、こうした「生死」を解脱されたのです。ともかく禅者の問題は、即今・此処・自己の「自由」です。

無門は評して言う——

[八]もし「この三関にそれぞれ」三つの転語をのべることができたら、それでもってただちに次のことができるであろう。どこででも主人公となれ、どんな縁に遇ってもすぐに仏法の基本に契《かな》うことができるだろう。[九]もしかしてそうでないなら、〝粗末な食事は腹一杯になりやすく、よくかみ味わって食べると飢えにくい〟「というから、よくかみしめて会得すべきである」。

真に「本来の自己」に目覚め、「自我」の生死を解脱して（「法身」の公案）、「自己」の「本証」を「妙修《みょうしゅ》」する（「機関」の公案）ことができたら、そして本則の「三関」に対して、一つ一つ「一転語《いってんご》」（聞く者をして迷いから悟りへ一転させる力のある語）を吐くことができたら、人生どこででも主人公となって、どんな縁に遇っても、すぐに仏法の基本に契《かな》うことができるでしょう。もし諸君がまだそうでないなら、粗食は腹一杯になりやすく、よくかんで味わって食べると飢えにくいというから、よくこの公案をかみしめて会得すべきです――と無門和尚は言われます。

無門は頌《うた》って言う――

一〇一念に無量劫（永遠）をそっくり観じ尽し、
その無量劫（永遠）の事がただちに如今《いま》（現在）である。
二〇現在のこの一念を看破すれば、
如今《いま》看破する人を看破する。

## 30　大力量《だいりきりょう》の人《ひと》　（第二十則　大力量人《だいりきりょうにん》）

一　松源《しょうげん》和尚が言った、
「大きな力のある人が、どうして脚《あし》をもちあげることができないのか」
二　また言った、
「しゃべることは［どうして］舌の上にないのか（なぜ舌でしゃべるのではないというのか）」

---

松源崇嶽禅師（一一三二―一二〇二）は「松源の黒豆《こくず》禅」と謳《うた》われた禅匠です。「黒豆」とは〝黒い豆〟のことで〝文字〟の意です。「文字禅」に秀れていたというのです。ここに挙《あ》げられた二則の公案は、古来「松源の三転語」と言われるもので、『宗門葛藤集』第百五十則では、第三則として「心眼の明らかな人が、どうして脚もとの紅《あか》い糸を断ち切れないのか」というのが続いています。

まず第一から。「大きな力のある人が、どうして脚をもちあげられないのか」。公案としては、この「どうして」（因甚）という問いかけが大事です。これを「東山下の暗号密令」と言って〝問いかけてもはや問うことの要らぬ〟「自由」の境地を得させようという、禅匠の慈悲に発するものです。これは前にも申しました。

毎日、朝に晩に昼に、のどが渇《かわ》けばお茶を飲みます。しかし、お見合いだというので、茶室で抹茶を出されますと、心得のない者はどう飲んでいいか分かりません。そこで文化人としてのたしなみのない自分を恥じます。恥を知って、日本人としての茶道のたしなみを習おうという心を起こすでしょう。公案のねらいもまた同じことなのです。

身体の不自由な人でないかぎり、自分の脚を持ちあげることなど何でもありません。しかし、問題は、何かのことで、そのことを如法《にょほう》に行なう必要があるとき、それが無心に自由にできるかどうかです。

要するに「自我」の「有心《うしん》・有為《うい》」のはからいとしてでなく、「自己」の「無心《むしん》・無為《むい》」の働きとして、すらりと行なえるかどうかということです。まさしく「本証の妙修《みょうしゅ》」です。「威儀即仏法・作法是れ宗旨」です。

次の第二。「しゃべることとは、どうして舌の上にないのか」。ここも「どうして」を加えて読みましょう。「なぜ〝舌でしゃべるのではない〟というのでしょうか」。

山岡鉄舟は、剣・禅・書の奥義に達した明治の大居士でした。鉄舟先生はある日、噺家の三遊亭円朝に、「桃太郎」の話をしてほしいと言いました。日本人なら、子供のときから誰でも知っている話です。円朝が立て板に水のように話し終わると、鉄舟は「今度は、それを舌なしでしゃべれ」と言いました。舌切り雀のように舌を切ったのでは話はできません。これは「自我」のいとなみでは、どうにもできない相談です。円朝は、舌を使わずに、どうしたら話ができるか、一心に工夫しました。そして、あるときあたかも柿が熟すように、「無心」に話ができるようになりました。「無心の心」「無心の念」で、「自我《エゴ》」でなしに「自己《セルフ》」が話す境地を体得したのです。「無作《むさ》の妙用《みょうゆう》」です。早速、鉄舟先生を訪ねて、改めて「桃太郎」を話しました。鉄舟は、「できた」と言って、「無舌居士」という居士号を与えたと言います。

もうこれ以上、この公案について云々する必要はないでしょう。第一は「自利」の場での問題です。第二は「利他」の場の問題です。そのおのおのに「一転語を下《くだ》せ」というのです。

ついでに、第三についても述べておきましょう。「心眼の明らかな人が、どうして自己の脚もとの紅い糸が断ち切れないのか」。原語の「紅糸線」というのは、〝紅い糸筋〟の意です。俗にも、男女は「紅い縁の糸」で結ばれていると言います。

唐のころ、郭元振《かくげんしん》という男がいました。風姿よく、才芸にも秀れていました。宰相の張喜貞《ちょうきてい》が見こんで娘の婿《むこ》にしようとして、五人の娘におのおの一本の綫《せん》（糸）を持たせて、帷《とばり》でさえぎって、元振に随意の糸を引かせますと、彼は一本の紅い糸を引いて、第三女を得た――という話が、『開元天宝遺事』という本にあるそうです。

ここでは「脚下の紅糸線」の語で、「自我」の〝煩悩〟のことを喩えていると解しておきます。悟っても、なかなか「煩悩」は片づきません。「見惑頓断、破石のごとし、思惑漸断、藕糸《ぐうし》のごとし」と言いますように、「見惑」すなわち〝見地の惑い〟は見性《けんしょう》で一挙に断てますが、「思惑」すなわち〝情意の惑い〟は、いったんの見性ぐらいでは、なかなか片づきません。それで悟後の修行で、だんだんに除いていかねばなりません。

と、まあ、こんな見解《けんげ》ぐらいは、すぐに立ちますが……。「なぜ断てないのか」と問われると、私たちはすぐに「断てる」のが善くて「断てない」のは悪い、と「分別」します。いったいこの「紅い糸」は、断ち切るべきなのでしょうか、それとも断ち切るべきではないのでしょうか。

**無門は評して言う――**

[三]松源は内臓を傾け倒したと言ってよいが、ただそれを受け止める者がいない。[四]たとえすぐさま受け止めたとしても、無門［この私］の所に来て痛棒を受けるにちょうどよい。[五]なぜか、それ！[六]真金を識別しようと思えば、火の中で試してみよ、というではないか。

無門は頌《うた》って言う――

[七]脚を踢《け》上《あ》げて香水海をひっくり返し、
頭をたれて四禅天を見《み》下《お》ろす。
[八]一箇の全身は置き場所がない、
どうか結句を続けてほしい。

# 31　六祖《ろくそ》の風《かぜ》と幡《はた》

（第二十九則　非《ひ》風《ふう》非《ひ》幡《ばん》）


一六祖は、風が寺の幡《はた》を鳴らして、二人《ふたり》の僧がそれについて対論して、二一人《ひとり》は、

「幡が動いている」

と言い、いま一人は、

「風が動いている」

と言って、往復問答して理にかなわないので、［三それを見て］言った、

「風が動いているのでもない、幡が動いているのでもない。四あなた方の心が動いているのです」

五二人の僧は［これを聞いて］ぞっとした。

---

無門は評して言う――
六風が動くのでもない、幡《はた》が動くのでもない、［かと言って］心が動くのでもない。七どこに祖師を見るか。八もしここでぴたりと見て取ることができたら、今こそ二人の

僧が鉄を買って金を得たことが分かろう。祖師は忍び笑いをこらえきれず、「思わず」一場の恥をさらした。九

六祖慧能《えのう》禅師は、先に述べたように、五祖の印可を受けてから、大庾嶺《だいゆれい》で慧明《えみょう》を教化したのち、南方に帰って、聖胎長養《しょうたいちょうよう》（悟後の修行）していました。ようやく機も熟したと考えられたころ、近くで印宗法師《いんじゅうほうし》の『涅槃経《ねはんぎょう》』の講座があるというので、その法座に参加しました。

そのとき二人の僧がいて、はげしく言い争っていました。インド以来、説法のある日には、寺の刹竿《はたざお》に幡《はた》が上がります。それが風ではたはたと音をたてていました。一人は、「幡が動いている」と言い、もう一人は、「いや、風が動いているのだ」と言って、往復問答しているのですが、六祖から見ると、まったく理にかなわないので、つい口をさしはさみました。

「お二方の問答に、俗人の私が意見を述べるのは、恐れ入りますが、私にもひとこと言わせていただけませんでしょうか。風が動いているのでもありません、幡が動いているのでもありません。あなた方の心が動いているのです」

それを聞いて、二人の僧は心中ぞっとしました。

このことがあって、それが印宗法師の耳にはいり、ついに六祖は授戒して僧侶となって、大法を挙揚《こよう》することになります。

無門和尚は言います。――六祖は「風が動くのではない、幡が動くのでもない。あなた方の心が動くのだ」と言われるが、かと言って、心が動くのでもない。さあ、諸君、どこに祖師の面目を見るか。もしここでぴたりと見て取れたら、二人の僧がくだらん問答をして、たいへんな「法」（真理）を聞くことができた、鉄を買って金を得たということが分かろう。とは言っても、六祖もつい自己を隠しきれずに、うっかり印宗に正体を見つかってしまった。くだらん問答に忍び笑いをこらえきれず、思わず本根を吐いたのは、一場の恥さらしだ、と。

これは無門和尚の六祖禅師への報恩感謝の言葉です。問題は「心動」の二字です。六祖禅師の言う「心動」（心が動く）と無門和尚の言う「不是心動」（〝心が動く〟のではない）とでは、「心」の意味が違います。後者の「心」は自我の分別です。「心」と「風幡」が対立しています。前者の「心」は、六祖の「心」と「風幡」と「物我一《もつがいち》如《にょ》」です。「心」がただちに「風幡」そのものです。「風幡」が鳴るのは「心」が鳴っているのです。

無門は頌《うた》って言う――

風[一〇]が　幡《はた》が　心が動く［などという者は］、
一通の令状で同罪としてひったてられる。
［六祖[一一]は］ただ口を開くことだけを知って、
思わず言いそこなったことに気づかない。

# 32　芭蕉《ばしょう》の拄杖《しゅじょう》

（第四十四則　芭蕉拄杖《ばしょうしゅじょう》）

[一]芭蕉《ばしょう》和尚は門下の大衆《だいしゅ》に示して言った、
「君たちに拄杖《しゅじょう》があれば、君たちに拄杖をあげよう。[二]君たちに拄杖がなければ、君たちから拄杖を取りあげよう」

芭蕉慧清《ばしょうえしょう》禅師（生寂不詳。仰山三世の法孫）は、門下の雲水たちに教示して言いました、「君たちが拄杖《しゅじょう》を持っていたら、君たちに拄杖をあげよう。君たちが拄杖を持っていないなら、君たちから拄杖を取りあげよう」。

これは、いったい、どういうことでしょうか。「君たちが拄杖を持っていたら、私がもらおう。君たちが拄杖を持っていないなら、私があげよう」というのが、ふつうでしょう。ところが、芭蕉禅師は、「あれば、あげよう。なければ、取りあげる」と、まるで人の意表をつくような、逆なことを言われます。自我の分別で生きている者は、ここで真向《まっこう》とまどってしまいます。あるいは、「こんなことを言うから、禅臭ふんぷん、鼻もちがならぬのだ」と頭から毛嫌《けぎら》いして、それ以上踏《ふ》みこんで考えようとしない人もいるでしょう。ここが大切なところです。どうか、禅者のこうした言い方にめげないで、こうした表現で何を言おうとしているのか、と心静かに工夫してみてください。

「拄杖」とは何でしょうか。表は、禅僧が行脚のときに使う杖のことです。のちには、ふだんでも一種の法具として、常に身辺に置くようになりました。本来は蚊やはえを払うのに用いた払子《ほっす》が法具になったようにです。しかし、それだけのことではありません。裏は、禅の主義としての「悟り」そのものの象徴として、問答の中で盛んに用いられました。だから、「拄杖子《しゅじょうす》を識得すれば、一生参学の事《じ》畢《おわ》る」などと言われます。

ここで、無門和尚の「評唱」を読んでおくほうがよいでしょう。

無門は評して言う——

[三][この拄杖に]扶《たす》けられて橋のこわれた川を渡り、[この拄杖を]伴《とも》なって月のない暗夜の村に帰る。[四][だが、これを]拄杖だと呼んだら、[その人は]地獄に落ちること矢のごとしだ。

行脚のときは、この拄杖に助けられて、この拄杖で水の深浅を計って橋のこわれた川を渡ります。この拄杖を手にしてともに月のない暗夜の村に帰ってきます。これを単に「拄杖」だと呼んだら、その人は地獄に堕ちること矢のようだ――と言うのです。これで見ても、拄杖が、「一生参学の大事」すなわち「悟り」そのものの象徴だと言ったことが分かりましょう。

公案に帰りましょう。大潙慕喆《だいいもてつ》禅師は、すなおに、「君に拄杖があったら、私はそれを君から奪おう、君に拄杖がないなら、私は君にそれを与えよう」と言いました。「拄杖」が〝悟り〟を意味するなら、これはすんなりよく分かる見解《けんげ》です。

しかし芭蕉禅師は、「有るなら与えよう、無ければ奪おう」と言うのです。これはどういうことでしょうか。悟った者になお与えるというのは、何を与えるというのでしょうか。この何が問題です。悟りがないという者から奪うというのは、何を奪うというのでしょうか、この何が問題です。「与」または「奪」というところで、さらにいっそうの工夫が必要です。

投子《とうす》の青禅師《しょう》に、次の語があります、「有無は今も昔も両重の関所だ。正眼の人も過ぎることはむずかしい」。

天童の覚禅師にも、次の語があります、「君にあるときはすべてが有だ、君にないときはすべてが無だ。本来それはご当人の与奪だけだ」。

それはともあれ、今ここに一本の杖があります。長者が歩き出そうとされています。杖をさし出して、あなたならどうしますか、何と言いますか。

無門は頌《うた》って言う——

[五]諸方の［禅師方の境涯の］深さと浅さとは、
すべて［この拄杖を握る］私の掌中にある。
［[六]またこの拄杖は］天をささえ地をささえて、
どこでも宗風を振うことだ。

# 33　仰山《ぎょうざん》の摩《ま》訶《か》衍《えん》の法《ほう》　（第二十五則　三座説法《さんぞせっぽう》）

[一]仰山《ぎょうざん》和尚は、夢の中で弥勒菩薩《みろくぼさつ》の所に行って、第三番めの座に坐らされた。[二]ひとりの尊者がいて白槌《びゃくつい》して言った、
「今日は第三座の説法の番に当たっている」
[三]そこで仰山は起《た》って白槌して言った、
「大乗の法《おしえ》は、四句を離れ百非《ひゃっぴ》を絶している。[四]よく聴《き》け、よく聴け」

---

仰山慧寂《ぎょうざんえじゃく》禅師（八〇七―八八三）は、師匠の潙山《いさん》霊祐とともに潙仰《いぎょう》宗の宗祖となった人で、「仰山小釈迦」と称されて〝中国の小さなお釈迦さま〟と仰がれた高僧でした。

ある晩、夢を見て、弥勒菩薩《みろくぼさつ》（釈迦滅後五十六億七千万年に、未来仏として娑婆世界に下生《あしょう》するとされる仏陀候補生です）のいます兜率天《とそつてん》に往って、第三番めの座に坐らせられました。そのとき、一人の尊者がいて、白槌《びゃくつい》といって、大衆に注意をうなが

すために、小さな小槌《こづち》で木台（砧《ちん》）を打ち鳴らして合図《あいず》をして、「大乗の法は、四句を絶し、百非を離れている。よく聴《き》け、よく聴け」と言う夢を見た、というのです。

仰山みずから、こんなことを言いますのは、弥勒菩薩の所に行って、こんな説法を聴いたと言うのですから、自分はすでに生天《しょうてん》して天人すなわち聖者《しょうじゃ》の地位に入ったと言わんばかりです。はたして『五燈会元《えげん》』では――「一人の尊者がこう言った後で、大衆はみな散じ去った。そこで仰山は目覚めてから、このことを師匠の潙山禅師に話しました。潙山は言いました、『子《おんみ》は已《すで》に聖位《しょうい》に入った』と。仰山はただちに礼拝した」とあります。

「四句を離れ、百非を絶す」というのは、インド論理学では、「一・異・有・無」の原型の四句に、四句がそれぞれ四句を含んで十六句となり、それを「過去・現在・未来」の三世に分けて計四十八句となり、さらにそれを「未起」（まだ起らないばあい）と「已起」（すでに起こったばあい）とに分けて計九十六句となり、それに原型の四句を加えて計百句となるとします。「非」はその否定です。それで「四句百非」で、〝一切の言語表現〟すなわち〝概念〟とか〝分別論理〟とかを表わします。

それで、この一尊者の説法は「仏教の〈法〉は一切の〈言語〉とか〈概念〉とか〈分別〉とか〈論理〉とかを離絶している」ということです。いわゆる『般若』体験の「言詮不及《ごんせんふぎゅう》」と言われる妙境です。「言詮」とは、前にも言ったように、〝言語表現〟の意です。

無門は評して言う――

[五]まあ言うてみよ、これは説法したのかしないのか。[六]口を開くとすぐに「真理を」失い、口を閉ざしてもまた「真理を」喪《うし》なう。[七]「かと言って」開かないでも閉じないでも、「真理を去ること」十万八千里で、遠くして遠しだ。

原文にある「諦聴《たいちょう》、諦聴」（二九七ページ）は、説法の終わりに当って述べる語です。無門和尚は、この公案にコメントして言います――まあ、言ってみよ、この尊者は説法したのか、しなかったのか。口を開けばすぐに真理を失い、口を閉ざしてもまた真理を失う。かと言って、口を開かないでも閉じないでも、真理を去ること十万八千里で、遠くして遠しだ。

何と言ってもダメ、何と言わなくてもダメ、だからと言って、口を開かないでも閉じないでも、やはりすべてダメです。それらはすべて「自我」の所作《はからい》だからです。「死んで生きるが禅の道」です。「自我」を空じて「無我の我」となって生きるとき、開口も閉口も、不開も不閉も、すべて可ならざるはなき「自由」の境地に遊ぶことができるのです。

「仏法」はどこまでも「無我にて候」です。「空」（無我）の「悟り」が第一義です。その〝覚《さと》った人〟を「聖人」というのです。「仏陀」（覚者）すなわち「真人《しんにん》」は〝無我の我に生きる人〟のことです。

無門は頌《うた》って言う——

[八]白日かがやく青空のもと、
夢の中で夢物語をする。
[九]怪しいぞ怪しいぞ、
一山の大衆《だいしゅ》をたぶらかす。

# 34 言葉《ことば》を離《はな》れて

（第二十四則 離却語言《りきゃくごごん》）

[一]風穴《ふけつ》和尚は、僧が、
「語っても黙っても、離微［という真如］につながりをもつには、どのようにしたら、離微（真如）に通じてそれを侵害しないでしょうか」
と問うたので、
[二]「私は長いあいだ江南地方の春の三ヵ月のころを憶《おも》うている、鷓胡《しゃこ》の鳴くところに百花が香《かんば》しい［あの風景を］」
と答えた。

---

風穴延沼《ふけつえんしょう》禅師（八九六―九七三）に、ある僧が、「語っても黙っても、離微という真如に関連するには、どのようにしたら、真如に通じてそれを侵害しないでしょうか」と尋ねました。

「語黙、離微に渉る」というのは、僧肇《そうじょう》法師の『宝蔵論』の「離微体浄品」第二に、

「其《そ》れ入るときは離、其《そ》れ出《い》ずるときは微。……謂《いっ》つべし、本浄の体、離微なりと。入るに拠るが故に離と名づけ、用《ゆう》に約するが故に微と名づく。混じて一となす」とあるによるもので、宇宙の本体（真如）のすべての色相を絶した平等のところを「離」と言い、それが現象の差別に現われた用《ゆう》（働き）のところを「微」と言い、その平等と差別とが混じって一体となっているのが、「本来清浄」（空）の「真如」であるというのです。そこで、宇宙の本体、すなわち「真如」のことを「離微」と言ったのです。ですから、ここに言う「離微」は〝離と微〟の意ではなく「一息に〈離微〉」と読んで〝真如〟そのものを言うのです。だから、この僧の問いは、「語れば〈微〉に落ち、黙れば〈離〉に落ちて、いずれも〈真如〉の半面にしか通じない。そこでどのようにしたら、〈離微〉に通じてそれを犯さないでしょうか」という意味です。

それに対して、風穴禅師は、杜甫《とほ》の詩の句を借りて、「私は長いあいだ江南地方の春の三ヵ月のころを憶うている、鷓胡《しゃこ》の鳴くところに百花が香しいあの風景を」と答えられたというのです。これは「離微」という〝真如〟に通じて犯さない心境を述べたものです。わが国の古人は、「長憶」（「憶」は〝過ぎ去ったことを思う〟の意です）の二字に字眼があると言っています。それは師家《しけ》室内の調べとしておいて……。

「離」とか「微」というのは、教相（仏教学）のほうで、なかなかやかましい問題ですが、簡単に言うと、「離」とは〝平等・絶対の本体〟のことで、「真空無相」を言い、「微」というのは「真空の妙有」ないし「妙用」のところで、〝差別・相対の現象界〟を言います。それで一息に「離微」というと「平等即差別」の「真如実相」のことです。そして、そこは、「語言三昧《ごごんざんまい》」も「黙然良久《もくねんりょうきゅう》」も及ばぬところです。

無門は評して言う——

[三]風穴はその働きが電光《いなずま》のようで、路を手に入れてただちに行く。[四]しかし、古人の舌を断ち切らなかったのが残念だ。[五]もしここでその消息をぴたりと見て取ることができたら、おのずからそこにすべての執《とら》われから脱出する路があろう。[六]まあ語言三《ごごんざん》昧《まい》を離れきって、一句言ってみよ。

風穴の働きはすばらしいが、いかんせん古人の語の句など持ち出して自己の胸襟より流出《るしゅつ》せなんだのが悔まれる。さあ、諸君、言うところの禅者の「語言三昧」などいうことを離却して、君自身の一句を言ってみよ。

無門は頌《うた》って言う——

[七]「風穴は」格調高い「不犯《ふぼん》の」一句を口に露《あら》わさず、まだもの言わぬ前に相手に分け付《あた》えた。[八]「それが彼が」一歩進めてぺらぺら説明していたら、君たちまったくどう仕様もなかったろう。

「古人の舌を断ち切らないのが残念だ」と言った無門和尚その人が、その舌の根もかわかぬうちに、これはまた何と雲門禅師が「拄杖化《け》して龍となる」に付けた頌《じゅ》を持ってきて、自己の偈《げ》頌《じゅ》としています。風穴禅師とともに無門和尚も、また「風骨の句を露わさず、未だ語らざるに先ず分付す」と言うつもりでしょうか。

# 35　雲門《うんもん》の言《い》いそこない

（第三十九則　雲門《うんもん》話堕《わだ》）

[一]雲門は、僧が［彼に］問うて、
「［仏の］光明が寂《しず》かに遍《あまね》く河沙《がしゃ》［国土］を照らす」

と言ったので、[二]［僧が］その一句をまだ言い終わらないうちに、あわただしく、

「それは張拙秀才の語ではないか」

と言った。[三]僧は、

「そうです」

と答えた。[四]雲門は言った、

「言いそこなったぞ」

のちに[五]黄龍死心が［これを］取りあげて言った、

「まあ言うてみよ、どこがこの者の言いそこないのところか」


雲門文偃《ぶんえん》禅師に、僧が質問して、「仏の智慧《ちえ》の光明が寂《しず》かに遍《あまね》く河沙の世界を照ら

す」と言い出したので、まだその一句を言い終わらないうちに、禅師は急に「それは張拙秀才の語ではないか」と言いました。僧が「そうです」と答えますと、禅師は言いました、「言いそこなったぞ」。

「秀才」というのは、〝官吏登用試験に及第した者〟のことで、張拙秀才が石霜慶諸禅師に参じて省悟したときの投機の偈《げ》（悟りの詩）に、「光明寂照遍河沙、凡聖含霊ともに一家。一念不生《ふしょう》全体現ず、六根才《わず》かに動ずれば雲に遮らる。煩悩を断除すれば重ねて病いを増す、真如に趣向するもまた是れ邪。世縁に随順して罣礙《けいげ》なし、涅槃《ねはん》生《しょう》死《じ》空華《くうげ》に等し」とあった詩の句について、何かを問おうとしたのでしょう。

僧がその一句をまだ言い終わらぬうちに、雲門禅師はひったくって、「それは張拙居士の語だな」と言い、「そうです」と答えるのを確かめて、「君は言いそこなった」と言ったのです。「言いそこない」と訳した漢語は「話堕」です。それに後世、黄龍死心禅師（一〇四四―一一一五）が、「どこがこの僧の〈言いそこない〉のところか」と言われたというのです。それが公案のすべてです。

無門は評して言う――

もし[六]ここで、雲門の働きようの孤高さと、この僧がなぜ言いそこなったかを、見て取ることができたら、人間と天人のために師となることができるであろう。もしまだ明らかでないというなら、自分さえも救えないだろう。七

雲門宗は、「言句《ごんく》の妙密」をもって鳴ると言われています。それで臨済宗では、中国以来、宗祖臨済の「宗通」（宗旨に通ずる）に併せて、雲門宗の「説通」（説法に通ずる）を取り込んできました。

わが白隠下でも「言詮《ごんせん》」の公案というと、雲門禅師か趙州《じょうしゅう》禅師が主人公です。この「言いそこない」も、またそうした代表的な公案です。「言いそこなったぞ」という、この一語に秘められた禅の大事な宗旨の所在を〝どこに見て取るか〟が公案の眼目です。

それは「なんと張拙秀才の語ではないか」と言われて、「はい、そうです」と答えたのは、正直は正直、率直は率直ですが、それでは自分がせっかく共鳴した古人の語が、他人事で、自己自身のものではなくなってしまいましょう、うっかり雲門の釣針に、ひっかけられてしまいました。禅としてもう生命がなくなっています。と言って、この公案、それだけのことでしょうか。

無門は頌《うた》って言う——
[八]急流に釣針を垂れると、
[九]餌を貪《むさぼ》る者がとびつく。
くちびるを開いたとたんに、
生命《いのち》が失くなる。

# 36　達磨《だるま》の安心《あんじん》

（第四十一則　達磨《だるま》安心《あんじん》）

一達磨《だるま》は壁に面して坐禅していた。二二祖は雪の中に立って、みずから臂《ひじ》を切って言った、

「三弟子《わたくし》は、心がまだ安らかではありません。どうか老師、［私を］安心《あんじん》させてください」

四達磨は言った、

「心を持ってこい。君のために安心させてあげよう」

五二祖は言った、

「心を求めましたが、まったく得ることはできませんでした」

六達磨は言った、

「君のためにちゃんと安心させてやったぞ」

達磨大師は、九年間も面壁して坐禅していられました。それは、老齢になってはる

ばるインドから中国へ来て、大法を伝えるに足る人物の出現をひたすら待っていられたのです。そのときに、のちの二祖の神光が訪ねて来ました。達磨は坐禅したまま振り向きもしません。二祖は雪の中に立っていましたが、自分の臂《ひじ》を切って、道を求める心の切なることを示して言いました、「私は心が安らかではありません。どうか老師、私を安心させてください」。達磨は言いました、「［その安らかでないという］心を持ってこい。そうしたら、君のために安心させてあげよう」と。二祖は言いました、「心を求めましたが、まったく得ることはできませんでした」。達磨は言いました、「そうか、心は得られなかったか。［それなら、］私は君のためにちゃんと安心させてやったぞ」。

「［心を求めましたが］まったく得られませんでした」と訳した原語は、「了不……」です。この「了」の字を、〝ついに、最後に、結局〟の意に取って、この一字に、神光の長いあいだの「安心」を求めての精進を見て取る、と言われたわが国の古人もありました。

また「得られませんでした」と訳した原語は「不可得」です。これは〝対象的には摑めない〟という意です。「心」というものは、主体として能作的《のうさ》に、そのものそれとして働いて、そのものになって見ることはできますが、それを〝対象的〟に客体として摑むことはできません。ですから、「不可得」というのは、「心」についての本質的な認識と言わなければなりません。この語は、また大乗仏教の真髄を示すと言われます「空」の一字、すなわち〝非実体〟ないし〝無自性〟という「真如」の実相を示す語でもあります。

二祖は、「心がまだ安らかでない」と告白して、「心を安んじたい」と思って、「安心《あんじん》」を求めました。そして、達磨大師に「その［安らかでないという］心を持ってこい」と言われて、真っ正直に、まず「その〝安らかでない〟という心」を求めました。そんなものが得られるわけはありません。恐らく、そこで、何とかしてその「安らかでない心」を「安んじたい」と努力したことでしょう。しかし、「心を安らかにしよう」とすること自体が「心を不安にする」ことにほかなりません。「心を動かすまい」という努力自体が「心を動かしている」当の原因なのです。血を血で洗うようなものです。先の血は清まっても後の血で汚れます。

ともかく何かを目ざして、理念《イデー》を立てて、その理想の実現を目ざして努力する「理想主義」的はからいは、「仏道の修行」とは逆の道なのです。「安心」を目ざし、「不動心」を目ざし、「無心」を目ざすこと自体が誤りなのです。「心を求めましたが、まったく得ることはできませんでした」と言ったとき、二祖は真に「無心」の境地に立って、いわゆる「不擬の道」（目ざすことのない道）に達したのです（一四六ページ以下参照）。そこで大師は言いました、「君のために安心させてやったぞ」。そこだ、「そこで〈無心の心〉を見て取れ」というのです。もう、二祖は大師と同じ境地に立っています。達磨も二祖も同じ「妙心」（無心の心）に生きているのですから、別に文字言句で説明することは要りません。師弟ともに「無心」というか「妙心」というか、両者の「心」が一つになって、「両鏡相対して、中心影像なし」という境地に達したとき、師はただ弟子のその「心」を「それその境地だ、そこだ！」と指して、証明するのです。これが、禅にいう「以心伝心」の法の授受です（七二ページ参照）。

無門は評して言う――

[七]歯欠《はか》けの老いぼれ外人、十万里も航海して、わざわざやってきた。[八]言うならば、〝風もないのに波を起こした〟というものだ。[九]最後に一人の門人を仕上げたが、それがまたなんと自ら腕を切り落とした者ときた。[一〇]それ見ろ！　愚か者はイロハも知らぬわ。

歯欠けの老人の達磨さん、はるばる十万里の波濤を越えてやって来たのは、風もないのに波を起こしたようなもの。達磨が来なくとも、中国人は「本来仏」なのだから……。そうしてやっとのことで、ただ一人の弟子を造り上げたというが、それがまたなんと自ら腕を切り落とした者とは。それ見ろ。満足な弟子もよう育てなかったではないか。——これは例の「抑下《よくげ》の託上《たくじょう》」という禅門の特有のレトリック（修辞法）で、実は最大の達磨大師への讃《ほ》め言葉です。口でけなして心でほめて！

無門は頌《うた》って言う——

二 西の方インドから来て「人心を」まっすぐ指した、
めんどうはその「達磨の」遺嘱《いしょく》から起こった。
三 禅の道場を騒がせた「張本人」は、
もともと「達磨さん」あなたなのだ。

## 37 馬祖《ばそ》の即心即仏《そくしんそくぶつ》　（第三十則　即心即仏《そくしんそくぶつ》）

一 馬祖は、大梅《だいばい》が、

「仏とは、どんなものですか」

と尋ねたので、
二 「ほかならぬこの心が仏だ」

と答えた。


---

馬祖道一《ばそどういつ》禅師（七〇九―七八八）は、その門下に八十余人の善知識（指導者）を出したと言われます、中国祖師禅の全盛期を代表する禅匠です。その高弟たちとは、百丈・南泉・塩官・麻谷《まよく》というような人々です。その一人に、大梅法常がいました。馬祖は、あるとき、大梅は師の馬祖に、「仏とは、どんなものですか」と尋ねました。馬祖は、「即心即仏」と答えました。

二つの「即」の字が使われています。下の「即」の字は〝そのまま〟という副詞です。「A即是B」とも使われます。「是」は〝〜である〟という繋詞ですから、これは〝AはそのままBである〟の意となります。それに対して、上の「即」は、そのすぐ下の「心」を強く限定する語です。〝ほかならぬこの心こそが〟というような意味です。そうしますと、馬祖のこの答えは、〝「惜しい、欲しい、憎い、可愛い」というこの心こそが仏である〟という意味になります。

「煩悩即菩提」とか「生仏一如《しょうぶついちにょ》」（衆生と仏と一つ）とか「平常心是れ道」とかいう語と、まったく同じ意味です。大梅は師のこの語を聞いたとたんに、多年の修行の効果が現われて、前則の二祖と達磨のように、師弟の心がぴたりと一つになって、「安心」することができました。「妙心」を自覚することができたのです。

大梅はその後、大梅山に隠れ住んで、聖胎長養（悟後の修行）に努めました。あるとき、塩官斎安の会下《えか》の僧が、道に迷って山中の一庵の前に出ました。仙人のような人が坐禅をしています。そこで次のような問答が交わされました。

問い、「和尚はこの山に入って、もう何年になりますか」
答え、「ただ四方の山が青くなったり黄色くなったりするのを見るばかりだ」
問い、「この山を出て村里に往くのには、どっちの方向に行ったらよいでしょうか」
答え、「流れに従って行かっしゃい」

その僧は、帰ってこのことを師の塩官に話しました。塩官は、それはきっとかつて馬大師の会下《えか》で同門であったあの法常であろう。大梅山に隠れてから、ようとして消息が知れない。もう一度、訪ねてみよ、ということで、大梅もようやく見いだされて、世に出て衆生済度することになりました。

このことが師匠の馬祖の耳にも達しました。馬大師は一人の弟子に旨を含めて大梅を訪ねて問わせました。

「和尚はかつて馬大師に参じて大悟されたと聞きますが、今日どんな所得があって、他人の相手をされていますか」

大梅は答えました、「馬大師はかつて、私の問いに、〈即心即仏〉と言われた。それで私は今この山に住しておる」

その僧は言いました、「それが、近ごろの馬大師の説法は違います。〈即心即仏〉ではなくて、〈非心非仏〉と言われています」

それを聞くと、大梅は言いました、「老漢《おやじ》はまだそんなことを言って人をたぶらかしているのか。老漢が何と言おうと、私はただ〈即心即仏〉だ」と。

この大梅の話を聞いて、馬大師は言われました、「『そうか。そんなことを言うたか。』梅の実は熟したな」。これは馬大師の大梅への印可証明です。

たいへん興味深い禅話です。だが、この話には、さらに後日談があるのです。煩を厭わずに、それも紹介しておきましょう。この話を聞いた人に、のちに天下の大居士と称された龐《ほう》居士がいました。馬祖下同門の縁もあって、はるばる大梅を尋ねました。


龐居士、「長いあいだ大梅の名を嚮《した》っていました。梅の実は熟しましたか」

大梅、「熟していたとしたら、君はどこから口をつけるかね」

居士、「こなごなにかみくだいてしまいましょう」

大梅は手をのべて言いました、「そんなら、私に種を還《かえ》してくれ」

居士は返事ができずに黙ってしまいました。このとき、さすがの龐居士も、まだほんとうに徹していなかったと見えます。

無門は評して言う——
[三]もしこの語がすぐに領解《りょうげ》できたら、[四]仏の衣を着て仏の飯を食い、仏の話をはなし仏の行を行じて、そのまま仏である。[五]それはそうだが、大梅は多くの人を導いて、仏教の基準を誤認させたとも言える。[六]仏という字を口にしても三日も口をすすぐ、ということを何で知ろうか。[七]もし一箇の人物なら、〈即心是仏〉などと言われたら、

## 耳をふさいで逃げ出すだろう。

大梅禅師のように、この「即心即仏」の語がすぐに了解できたら、そして仏としての日常生活ができたら、そのまま仏です。道元禅師の言われますように、「威儀即仏法、作法是れ宗旨」で、着物をきたり、ご飯をたべたりすることが、そのまま「禅」です。仏語をはなし、仏行をおこなう生活そのものが「仏」の働きです。

しかし、そうはいっても、そこに兎《う》の毛一本ほどでも差がありますと、いかに「即心即仏」「衆生本来仏なり」と言っても、それがいわゆる観念悟りで実参実究を怠りますと、白隠禅師の言われますように、「無事不生《ふしよう》の禅」の誤りに陥りかねません。その意味で、大梅は多くの人を導いて秤《はか》りの大事な目盛りを見誤まらせた、と言えるかも知れないと、無門和尚は言うのです。例の禅門特有の拈弄《ねんろう》ですが、実に大切なご垂示《すいじ》です。

いったい「仏」などということ自体が汚らわしい。「仏」と言ったら、三日も口をすすがなくてはならんということを、大梅は知っていたのか。ほんとうに悟った者なら、「即心即仏」などと言われたら、耳を蓋って逃げ出しただろう、とも、無門和尚は言うのです。

無門は頌《うた》って言う――
[八]青い空・白い太陽「のもとで」、
尋ね求める「愚かさ」は絶対に禁物。
[九]その上に「仏とは」如何《いか》になどと問うのは、
盗品を抱いて無実だと叫ぶようなもの。

## 38　心《こころ》でもない仏《ほとけ》でもない　（第三十三則　非《ひ》心《しん》非《ひ》仏《ぶつ》）

馬祖[一]は、僧が、

「仏とは、どんなものですか」

と尋ねたので、

「心[二]でもない、仏でもない」

と答えた。


---

この則の話は、すでに前の則の「即心即仏」のところで出ました。ただ文字の解釈をしませんでしたが、「非」の字は〝～でない〟という意で、その下に必ず体言が来ます。ここも〝心ではない、仏ではない〟と、「心」と「仏」という名詞を否定する語です。これは「不」の字が、その下に用言すなわち動詞か形容詞が来て、それを打ち消す否定の副詞であるのと違います。「非」は「是」と対応する語で、「是」は〝～である〟の意の肯定詞で、「非」は〝～でない〟の意の否定詞です。「非」は、の

ちには「不是」と書かれるようになりました。「非」より「不是」のほうが、口語的です。

「非心非仏」の語は明らかに「即心即仏」の語を意識しての、その否定表現です。〃この心こそが仏だ〃と言ったのに対して、いや〃心でもない、仏でもない〃と言ったものです。馬祖が初めには「即心即仏」と言い、のちには「非心非仏」と言ったことは、前則で学びました。

馬祖には、また次のような語があります――

僧が尋ねました、「老師はなぜ〈即心即仏〉と説かれるのですか」

師は答えました、「子供の泣くのをやめさせるためだ」

僧、「泣きやんでのちは、どうですか」

師、「〈非心非仏〉だ」

僧、「この二種の語を除くような人物が来ましたら、どう指示されますか」

師、「そのときは、彼に向かって言おう〈不是物〉と」（『伝燈録』「馬祖」の章）

「不是物」（「物」すなわち「衆生」ではない）については、次の次の則で出ますので、そのとき説明します。ともあれ、ここでは「即心即仏」に対して、「非心非仏」と言われたことが、問題です。

無門は評して言う——

[三]もしここで［「非心非仏」の真意を］見て取ることができたら、禅に参ずることは［もう］終わりである。

馬大師は、「即心即仏」は、子供の泣くのをやめさせて煩悩妄想を払って仏に成らせるため、「非心非仏」はその上の境涯、すなわち〝仏のその上〟（仏向上）を得させるためと言われます。そこを無門和尚は、ここが見えたら一生参学の大事は終了だ、と言われるのです。

無門は頌《うた》って言う——

[四]路上で剣客に逢ったら［剣を］呈せねばならぬ、
[五]詩人に遇うのでなければ［詩を］献じてはならぬ。
人に逢うたらまあ全体の三分だけを説くがよい、
全部そっくり施してはいけない。

（第三十四則　智《ち》不《ふ》是《ぜ》道《どう》）

# 39　智《ち》は道《みち》ではない

南泉は言った、
「心は仏ではない、智は道ではない」
——

南泉普願禅師は言われました、「心は仏ではない、智は道ではない」。ふつうには、「心」こそが「仏」であり、「智」（般若＝智慧）こそが「道」である、と言いますのに、南泉は、なぜ、わざわざ先のテーゼを否定したのでしょうか。ここに、この則の問題があります。

まず考えられますことは、馬祖の「即心即仏」の語と、同じく「平常心是れ道」の語に対して、門下の僧たちの誤った見方を戒められたと解する解釈です。当時の禅界では、馬大師の「即心即仏」の語が大いに流行していました。また同じ馬大師の「平常心是れ道」の語がこれまた大いにもてはやされていました。それは、確かにすばらしい禅語ではあります。しかし、その境涯に到り得た者にとってこそ、それはすばらしいのですが、ただ大師の口まねをして、修行も何もせずに「このままでよい」と誤解しますと、とんでもないことになりましょう。ここに言う語は、それを戒められたものと見るのです。東寺の如会《にょえ》禅師の語にも、「心は仏ではない、智は道ではない。剣去って遠しだ、君たちは舟を刻んでいる」という語があります。舟で水中に剣を落とした人が、ここに落としたから後で探そうと、舟を刻んで印《しるし》を着けたというのです。舟はどんどん動いていますのに……。それと同じ間違いを君たちしてはならないぞ、というのです。

はたして、この公案は、それだけのことでしょうか。

鈴木大拙先生に、「A即非A是名A」という「即非」の論理の指摘があります。「Aは非Aである——それをAというのである」というのです。「心」も「智」も単なる肯定ではなく、否定を媒介しての肯定なのです。ですから、「心」は〈衆生心〉に対する〈仏心〉ではなく、「智」は〈分別智〉に対する〈無分別智〉ではありません。「心心不異」（衆生心と仏心と異ならない）です。「一息に〈無分別の分別〉」です。問題は、それを思想としてでなく、公案として、体験としてどう見るかです。

無門は評して言う——

[二]南泉は、言うならば、年をとって恥知らずになった。[三]臭《くさ》い口を開いてものを言ったとたんに、家の醜《はじ》を外にさらけ出した。[四]そうは言うものの、［この南泉の］恩を知る者はまれだ。

南泉禅師も、お年を召して、もうろくされた。臭い口を開いて、よけいなことを言って家の醜を外にさらされた。とは言うものの、そこまでして言ってくださった禅師の法恩を、君は知るかと、無門和尚は言われるのです。

無門は頌《うた》って言う——

[五]空が晴れてお日さまが出る、
雨がふって地上がぬれる。
[六]思いのたけを尽くしてすべて説明してしまっても、
信じてはくれないだろうことだけが心配だ。

# 40 人《ひと》に説《と》かない法《ほう》

（第二十七則　不《ふ》是《ぜ》心《しん》仏《ぶつ》）

一南泉和尚は、僧が、

「老師にはこれまで」人に説かなかった法《おしえ》がおありですか」

と尋ねたので、
二「ある」

と答えられた。

三僧は尋ねた、

「人に説かなかった法とは、どんなものですか」

四南泉は言った、

「それは心ではない、仏ではない、物《もつ》（衆生）でもない」


---

南泉禅師に、ある僧（『碧巌録』では、百丈惟政禅師とあります）が「これまで人に説かなかった法《おしえ》があるか」と問うたとき、南泉が「ある」と言ったから、僧は「そ

れはどんな法か」と、重ねて問いますと、南泉は、「〈心〉ではない、〈仏〉ではない、〈衆生〉ではない」と言った、というのです。

「人に説かない法」というのは、〝とっておきの教え〟というふうにも取れます。そうも読めますが、「言詮不及《ごんせんふぎゅう》」（言語表現では届かない）と言われる体験の妙境は、いったい〝他人に説ける〟ものでしょうか。また、「如来に握《にぎ》り拳《こぶし》はない」とも言われますように、仏陀にはわが手に握りこんで、〝他人に説かない教え〟などはないとも言います。

「衆生ではない」と訳した原語は「不是物」ですが、ここの「物」は〝衆生〟のことです。『華厳経』に、「心・仏および衆生、是《こ》の三つは差別がない」とあります。明らかに、それを受けての発言です。

『無門関』の公案の原典とも言うべき『伝燈録』を見ますと、南泉みずから、こう言っています、「江西《こうぜい》の馬祖は〈即心即仏〉と説かれた。だが王老師（南泉は俗姓が王氏で、ここは〝私は〟の意）はそうではない。〈不是心、不是仏、不是物〉だ。どうだ、私に過ちがあるか」。そのとき、趙州《じょうしゅう》が礼拝して、黙って出て行きました。南泉は言いました、「彼は老僧《わたし》の意旨を了解した」と。

「心ではない、仏でない、衆生でない」。これも前則同様「即非」の公案です。

無門は評して言う――

[五]南泉はこの一問を受けて、私財をそっくり量《はか》り尽して、まことにしまらぬ結果になってしまった。

これは、もうコメントが要らないでしょう。

無門は頌《うた》って言う――

[六]くどくどと説き過ぎると君の徳を損じます。
無言にこそほんとに効果があるのです。
[七]たとえ青海原が「桑田に」変じても、
ついに君のために説きませぬ。

# 41　百丈《ひゃくじょう》の野狐《やこ》　（第二則　百丈《ひゃくじょう》野狐《やこ》）

[一]百丈和尚が説法されるたびに、ひとりの老人がいて雲水とともに聴法していた。[二]説法が終わって雲水たちが法堂《はっとう》から禅堂に退くと、老人もまたいなくなった。[三]ところが、ある日思いがけなく老人が退場しなかった。[四]そこで禅師は、
「目の前に立っている者は、いったい何人《なにびと》だ」

と尋ねた。[五]老人は答えた、

「はい、私は人間ではございません。[六]過去の迦葉《かしょう》仏の時代に、百丈山に住職として住んでいました。「そのとき」[七]修行者が、

『大修行の人でも、やはり因果に落ちますか』

と尋ねたので、[八]私は、

『因果に落ちない』

と答えました。[九]「その答えが誤っていたために、」私は五百ぺん野狐身に生まれて「畜生道に輪廻《りんね》して」います。[一〇]今どうか老師、私に代わって一転語をはいて、

野狐の身から解脱させてください」
[一一]そこで老人は「ただちに修行者の立場に立って」、「大修行の人でも、やはり因果に落ちますか」と尋ねた。[一二]和尚は答えた、
「因果を昧《くらま》さない」
[一三]老人は言下に大悟して、礼拝して言った、
「[一四]私はもう野狐の身を解脱しました。[一五]「そのぬけがらは、」山の後ろに住《とど》めておきます。失礼ながら老師に申し上げます。どうか亡くなった僧侶の事例によって葬っていただきたい」
[一六]和尚は維那《いのう》に命じて白槌《びゃくつい》して雲水たちに告げさせた、
「斎座（禅院の昼食）の後で、亡僧の葬式をする」
[一七]雲水たちは、
「一山の大衆《だいしゅ》（雲水）はみんな健康で、涅槃《ねはん》堂にも病人はいない。[一八]どうしてそんなことを言われるのであろうか」

と言い合った。
[一九]斎座の後で、和尚は雲水たちを率いて山の後ろの大岩の下に行って、杖で一匹

の死んだ野狐を挑《は》ね出して火葬にふされた。

和尚[二〇]（百丈）はその晩、上堂して、前の因縁を話された。すると[二一]、高弟の黄檗《おうばく》がただちに問うた、

「古人（野狐の老人）は誤って一転語を答えて、五百生の野狐身に堕ちた。一つ[二二]一つ［問われるたびに］誤らずに答えたら、いったい何になるべきであったろうか」

和尚[二三]は言った、

「近くへ来い。あのお方（前百丈―野狐の老人）のために言おう」

そこで[二四]黄檗は近づき進んで、師の百丈に平手打ちをくらわせた。百丈[二五]は手を拍《う》って笑って言った、

「達磨の鬚《ひげ》は赤いと思っていたら、なんだ［ここにも］もうひとり赤い鬚の達磨がいよったわ」


---

公案はここまでです。長いので繰り返しません。口語訳をもう一度読んでください。

おそらくは、百丈懐《え》海《かい》禅師（七二〇―八一四）は裏山を散歩のおりにでも、野狐の

屍を見つけられたものと思われます。そしてそれを種にひとしばい打たれたのが、この公案でしょう。野狐の老人——この人を「前百丈」と呼びましょう——の存在の有無など問題ではありません。「不落因果」（悟った者は「因果の法則」の支配など受けない）とばかりに、いわゆる「平等」（但空）の悟りの穴ぐらに落ちこんで、お山の大将をきめこんでいる禅者のあり方が問題なのです。こんなのを「野狐禅」というのです。しかし、「差別」の桎梏《しっこく》から解き放たれて、心に大いなる「平等」の世界を体得するとき、人間は、ともすれば、みずからの体得した境地のあまりのすばらしさに、ときにこうした「禅天魔」になりがちなのです。白隠禅師も、二十四歳で「無」字の関門を透ったとき、手のつけようのない悟り天狗になってしまって、正受《しょうじゅ》老人にあってはじめて眼が覚めたという話があります。

無門は評して言う——

「不落因果」[二六]と答えて、なぜ野狐に堕《お》ちたのか。「不昧因果」[二七]と答えて、なぜ野狐を脱したのか。[二八]もしここに一隻眼《いっせきげん》をつけることができたら、前百丈の野狐の老人が、実は風流千万な五百生をかちえていたのだということが、すぐに分かるだろう。

さて、この公案、「不落因果」は誤りで、「不昧因果」が正しいのだ、などと解するとしたら、とんでもないことです。無門和尚は言います――「不落因果」で、どうして野狐に堕ちたのか？　「不昧因果」で、どうして野狐から脱したのか？　もしここに、ものごとを見ぬく一つの眼が開けたら、前百丈の野狐の身であった五百生が、そのまま実は風流三昧の生涯であったことが分かるだろう、と。

月を愛で花をながめて暮せかし　仏になすなあたらこの身を
不落にて野狐になりたる咎《とが》の上に　不昧で脱す二度のあやまち

狐が狐に安住して他をうらやまぬときを「仏」というのです。人が人に満足せずして他に求めてやまぬときを「狐」と言うのです。ここを「ただ因果のみあって人なし」とも言うのです。

どこも因果いつも因果となりすませ　外をさぐるな大修行底

無門は頌《うた》って言う――

[二九]不落と不昧、

一つの賽《さい》の丁と半。
〔三〇〕不昧も不落も、
まちがい、まちがい。

「不落」がそのまま「不昧」でなければなりません。悟ってもやはり「ひじは外に曲らない」（鈴木大拙）のです。「平等」（真空無相）のなかに、やはり「差別」（真空妙有）がなければなりません。差別を知らぬ悪平等を「野狐禅」というのです。

# 42　なぜ尻尾《しっぽ》が通《とお》り過《す》ぎないか

（第三十八則　牛過《ごか》窓櫺《そうれい》）

五祖法演は言った、
「たとえば水牯牛《すいこぎゅう》が窓格子《まどごうし》越しに街道を通るようなものだ。頭も角も四本の足も、みんな通り過ぎてしまったのに、なぜ尻尾《しっぽ》だけが通り過ぎることができないのだろうか」

五祖法演禅師は言われました、「たとえば、水牯牛が窓格子《まどごうし》越しに街道を通るようなものだ。大きなずうたいがすべて通り過ぎた。頭も角も四本の足もみんな通り過ぎた。それなのに、あの小さな尻尾が、何故通り過ぎないのか」。

　この公案は、諸方の禅匠の室内で、いろいろやかましい調べがあります。私は、すでに小著『公案――実践的禅入門――』（ちくま文庫）で、私の解説を述べておきました。この本を読まれた読者各位は、ぜひあの本を読んでいただきたい。なにせ、今日までのところ、「日本臨済禅の公案」について書かれた本のなかで、ほんとうに読むに足る本は希で、私のあの本はそうした中で、すでに古典的な評価を得ている数少ない本の一冊ですから（自分で言うのも変ですけれども……）。

まあ、解説は前著に譲ります。この公案について、ここで言っておきたいことは、この則は、「白隠の下の公案体系」にいわゆる「難透」の公案の代表的な一則だということです。

白隠禅師自身で、「八難透」ということを言って、八つの公案を挙げています。云く――

「最後万重の関鎖がござる。これが禅者の胸腹《むなふく》病ぞ。関鎖なければ禅宗は絶える、命かけても皆な透過せよ。関透なければ禅じゃない。鯉魚も龍門万里を越える、野狐も稲荷《いなり》の鳥居は越すぞ。さすが禅宗の飯食いながら、関鎖透らにゃ一分立たぬ。

疎山寿塔に牛窓櫺《うしそうれい》、乾峰三種に犀牛の扇子、

白雲未在に南泉遷化《せんげ》、倩女《せんじょ》離魂に婆子焼庵よ。

これを法窟《ほっくつ》の爪牙《そうげ》と名づけ、または奪命《だつみょう》の神符ともいう。これら逐一《ちくいち》透過ののちに、広く内典外《げ》典《てん》を探り、無量の法財集めておいて、三つの種草が真実欲《ほ》しか」（『粉引き歌』）。

「難透」というのは〝通りにくい、パスすることのむずかしい〟公案という意です。

『無門関』には、「牛過窓櫺《ごかそうれい》」と「倩女離魂」とが取ってあります。私は「倩女離魂」は「法身」に配しました。「白雲未在」は、これは明らかに次の「向上」に入る公案だと思います。

無門は評して言う――

もしここであべこべに一隻眼《いっせきげん》をつけ、一転語を下《くだ》すことができたら、それでもって上《かみ》は四恩を報じ、下《しも》は三有《さんぬ》を救うことができるだろう。もしかしてそうでないなら、さらにこの尻尾をよく省察せねばならないぞ。

「一隻眼《いっせきげん》」とは、横に二つついている肉眼に対して、「頂門の竪眼《たてまなこ》」とも言われます〝心眼〟のことです。「一転語」は、前に出ました、〝聞く者を迷いから悟りに一転させる力のある語〟の意です。「四恩」とは、仏典に説く〝四種の恩〟で、〝天地・国王・父母・衆生の恩〟のこと、「三有《さんぬ》」は「三界《さんがい》」とも言って、「欲界・色《しき》界・無色界」を言い、〝迷いの世界全体〟の意です。

無門は頌《うた》って言う――

[四]窓を過ぎ去れば坑《あな》や壍《ほり》に堕《お》ち、
ひき返してくると今度はこわされる。
[五]このわずかな尻尾なるもの、
まことにもって奇怪千万だ。

# 43　女子《じょし》の出定《しゅつじょう》

（第四十二則　女子《じょし》出定《しゅつじょう》）

[一]世尊《せそん》は、昔、文殊《もんじゅ》が諸仏の集まっておられる場所に行ったところが、ちょうど諸仏がめいめいその自身の国土に帰られたところであった。だが、[二]ただひとりの女がいて、釈尊の座の近くで三昧《ざんまい》に入っていた、[三]そこで文殊は釈尊に申し上げた、

「どうして女が仏の座に近づくことができて、私にはできないのでしょうか」

[四]仏陀は文殊に告げられた、

「君が自分でこの女を目覚めさせて三昧から起《た》たせて、君自身で尋ねよ」

[五]文殊は女の周りを三度めぐり、パチンと指を一つ鳴らして、そこで女を持ち上げて天上の梵天の世界まで行って、[六]彼の神通力の限りを尽したけれども、女を定《じょう》から出すことができなかったので、世尊は言われた、

「たとえ百人千人の文殊でも、この女を定から出すことはできない。[七]ここから下の方に十二億河沙《がしゃ》の無数の国土を過ぎたところに、罔明《もうみょう》という菩薩がいる。「彼

こそ」この女を定から出すことができるであろう」。[八]しばらくして罔明大士が地から湧き出て、世尊を礼拝した。[九]世尊は罔明に命令された。[一〇]［彼は］また女の前に行って、指をパチンと一つ鳴らした。[一一]すると女は定から出た。

無門は評して言う――

[一二]釈迦の老子《じいさん》、こんな一幕《ひとまく》の村芝居を演出するとは、なかなか大したものだ。[一三]まあ言ってみよ、文殊は過去七仏の師なのに、なぜ女を定《じょう》から出せないのだ。[一四]罔明は初《しょ》地《じ》の菩薩なのに、なぜ反対に出せたのだ。[一五]もしここでぴたりと見て取れたら、はてしない宿業《しゅくごう》の意識そのままで、大龍のような禅定《ぜんじょう》の境地となるだろう。

文殊菩薩が諸仏の集所に往ったとき、諸仏はめいめいその本所に還られた後でした。そこにただひとりの女人がいて、世尊の近くで三昧《ざんまい》に入っていました。文殊は言いました、「なぜ女人が仏座に近づくことができて、私にはできないのでしょうか」。世尊は言われました、「君自身でこの女人を定《じょう》（禅定《ぜんじょう》＝三昧）から目覚めさせて、尋ねなさい」。そこで、文殊は彼の神通力のありたけを尽くして女人を定から出そうとしましたけれども、女人を定から出すことができませんでした。

世尊は言われました、「たとえ百人千人の文殊でも、女人を定から出すことはできない。下方に十二億河沙という無数の仏国土を過ぎた所にいる罔明《もうみょう》菩薩こそ、この女人を定から出すことができる」。しばらくして罔明が地から湧いて出て世尊を礼拝しました、世尊は彼に勅命されました。罔明は女人の前に行って、指をパチンと鳴らしました。すると、女人はただちに定から出ました。

この公案は、無門和尚の「評唱」を続けて読むほうがよいと思います。

無門はこの公案を、釈迦老人の一幕の村芝居だと評して、老人なかなか大したものだと讃めておいて、まあ君たち言ってみよ、と言います――文殊は〝仏陀の智慧のシンボル〟で、その「般若」の智慧《ちえ》のことを「仏母《ぶつも》」（仏を産み出す母）とも言いますが、「般若のシンボル」である文殊は、「過去七仏の師」とも言われますのに、その文殊が、女人を定から出すことができずに、初地（菩薩の修行階梯の「十地」のうちの「初地」）の菩薩にすぎない罔明が、女人を定から出させたのは、なぜか。

さあ、諸君もし、ここがぴたりと見て取れたら、果てしない宿業《しゅくごう》（過去のカルマ）の意識のままで、大龍のような大禅定の境地となるであろう、と無門和尚は言うのです。

それはいったいなぜでしょうか。ここに、この公案の参究の眼目があります。答えは、みなさんめいめいの実参実究に待たねばならないところですが、ここに一つのヒントを出しておきますと、前則でもそうですが、私たちは「なぜ透れないか」「どうして定から出せないか」と言われると、すぐに「透れるのは善くて、透れないのは悪い」「出せるのは善くて、出せないのは悪い」と、分別してしまいます。でも、はたしてそうなのでしょうか。

無門は頌《うた》って言う――
[一六]［禅定から］出せるのも出せないのも、
彼も我もともに自由なのだ。
[一七]神頭と鬼面と、
失敗も当然《まさに》風流のうちなのだ。

## 44　雲門《うんもん》の糞棒《くそぼう》　（第二十一則　雲門《うんもん》屎橛《しけつ》）

雲門は、僧が、

「仏とは、どんなものですか」

と尋ねたので、

「乾《かわ》いた棒状の糞《くそ》だ」

と答えた。


---

雲門文偃禅師に、僧が「仏とは、どんなものですか」と尋ねました。禅師は「乾《かわ》いた棒状の糞《くそ》だ」と答えられました。

この公案は、参ずる学人《がくにん》（修行者）によって、そして指導する師家《しけ》（禅の師匠）によって、「公案の教育体系」のどこに配するかは、それぞれの見方によることです。この則で見性《けんしょう》する者にとっては「法身《ほっしん》」の公案ともなりましょう（白隠みずから「難透」に配した「倩女離魂」を、私が「法身」に配したように）。またこの公案を、「雲門の言句《ごんく》の妙密」の公案と見て、これを「言詮《ごんせん》」に配する師家もありましょう。また、ある室内では、この則は「向上」の公案として扱っています。ここで「向上」というのは、〝上に向かう〟という意ではなく、〝その上〟という意の俗語です。詳しくは、「仏向上」（仏のその上）と言います。禅では「〈仏〉の一字を聞くも耳の汚れ」と言い、まして「〈仏〉などと言ったら、三日のあいだ口をそそげ」とも言います（因みに、白隠は先の「八難透」の弁で、「白雲未在」の則を「難透」に配して、「難透」と「向上」の区別をしていないようです）。

なお、ここに「乾いた棒状の糞」と訳しました原語は「乾屎橛《かんしけつ》」ですが、この語は旧註では〝乾いた糞かきべら〟と解されてきたのですが、新註で〝糞を浄めるへら〟とされました。それが、今日は入矢義高先生の綿密な究明によって〝乾いた棒状の糞〟という解に落ち着いたものです（『図書』一九八五年七月号）。

ある人は、この「乾屎橛」の則に参じて、「仏」すなわち〝覚者〟となり、ある者は、さらにこの則によって、「仏向上」すなわち〝仏のその先〟の境涯に進み、そして、またある人は、この則によって、〝雲門宗の宗風に契当《かいとう》する〟ということです。ここらあたりにも、「一師一友は禅の病いだ」と言われますように、自己の参禅の師一人《ひとり》だけの室内だけでなく、他派の禅匠の室内への「遍参」（歴参）ということが大事だと思います。

無門は評して言う――

三雲門は、家が貧しくて粗末な食事も調《ととの》えることがむずかしく、仕事が忙《せわ》しくて走り書きするひまもない、と評してよい。四ともすれば、すぐに乾いた棒状の糞《くそ》などを持って来て、禅宗の門戸を支《ささ》えようとする。五仏法の衰退が見えるではないか。

特にコメントも要らぬでしょう。

無門は頌《うた》って言う――

六ひらめくいなずま、
石を撃って散る火の粉。
七ちらり瞬《またた》けば、
もうすれちがい。

## 45　洞山《とうざん》の三頓棒《さんとんぼう》

（第十五則　洞山《とうざん》三頓《さんとん》）

[一]雲門和尚は洞山守初《しゅしょ》が参じたときに、
[二]「どこから来たか」
と尋ねた。[三]洞山は、

「査渡《さと》から来ました」

と答えた。[四]雲門は言った、

「夏安居《げあんご》はどこで過ごしたか」
[五]洞山は答えた、
「湖南の報慈《ほうず》寺です」
[六]雲門、「いつそこを離れたか」
[七]洞山、「八月二十五日です」
[八]雲門は言った、
「三度ひっぱたくところだが、許しておこう」

[九]洞山は翌日になって、また師匠の所に参じて挨拶の礼をして言った、
「[一〇]昨日は老師に三頓棒を許されました。[一一]いったい、どこに私の過失があったのでしょうか」
[一二]雲門は言った、
「この飯袋《めしぶくろ》め！ [一三]江西《こうぜい》・湖南と、そんなふうに「むだに」行脚して歩いたのか」
[一四]洞山はここで大悟した。

---

ここにいう洞山《とうざん》禅師は、曹洞宗《そうとうしゅう》のご開山の洞山良价禅師ではなくて、雲門宗の雲門文偃禅師のお弟子の洞山守初禅師のことです。この方は、また「どんなのが仏か」と問われて、「麻三斤」と答えたことで有名な宗匠ですが、この則はその洞山禅師が悟られた因縁を示す公案です。

雲門禅師のところに、洞山守初禅師が初めてやってまいりましたときに、雲門禅師がお尋ねになりました、「君はどこからきたか」。実はこの〝どこ〟が大問題なのですが（〝真仏の在処《ありか》――人間真実の自覚の場〟などとも言います）、このとき洞山には、まだ何も分かりませんでした。ただ率直に正直に答えました、「査渡《さと》（という所から来ました）」（まことに「直下《じきげ》無心〈ずばり無心〉」です。ここにこそ真仏――真の人

間――はいますのに)。すると、雲門禅師は続けて、「夏安居《げあんご》(夏期の摂心《せっしん》)はどこで修行したか」と問われました。洞山はまたありのままに正直に答えます、「湖南の報《ほう》慈寺《ず》です」。雲門禅師は言われました、「いつそこを発《た》ってきたか」。洞山は答えました、「八月二十五日です」。

ここまではまったくふつうの世間の会話と同じで、これだけで終わればまだ十分な禅問答になりません。少なくとも洞山には以上の問答のどこに禅の禅たるゆえんがあるか分かりませんでした。そこで雲門禅師は、このなんともない日常会話に禅的な結末をつけられました、「君に三頓の棒を放《ゆる》す――三度こっぴどくぶっ叩《たた》くところだが、今日のところはまあ許しておこう」と。

さあ、洞山には何が何だかさっぱり分かりません。ありのままに正直に答えたのに、何が悪くて三度も棒を頂戴せねばならぬか。とうとう彼は一晩中眠れませんでした。

翌朝さっそく禅師の所に行って尋ねました、「きのう『三度打つところだが、まあ許しておく』とおっしゃいましたが、どこに私のおちどがあったのでしょうか」。古人も「有事をもって無事となすことなかれ。往々にして有事は無事より生ず」と申されております。何にも事《こと》がない、平穏無事だ、などと言いますが、実はよく反省してみますと、無事どころかそれこそ大いに事《こと》があるのに、それに気がつかずに無事だとすましこんでいるのではないでしょうか。それで禅者は、「無事平穏」などという境地に落着いている者を一ぺんゆり動かして、そうです、一度せっぱつまった窮地に押しこんで、そのうえでほんとうの「無事是《こ》れ貴人《きにん》」の境涯に導こうとします。

「君に三頓の棒を許す」と言われて、いったい自分のどこにおちどがあったのかと、洞山はその夜一晩中眠れなかったのです。呻吟懊悩、あれこれ考えた末に、夜明けをまって、さっそく出かけて行って、禅師に尋ねました、「昨日和尚に三頓の棒を許されました。どこに私のおちどがあるのか分かりません」。さあ、洞山ここではじめて真に宗教の門に入ったのです。そのときです。雲門禅師の雷のような声がひびきました、「この穀《ごく》つぶしめ！　江西《こうぜい》湖南とそんなざまで君はこれまでふらふらうろつき廻っていたのか」。ふしぎにも、洞山は雲門のこの一語で大悟しました。「江西湖南」は〝揚子江の西〟と〝洞庭湖の南〟で、〝天下の叢林〟（禅道場）の代名詞です。ここから後世、〝天下〟のことを「江湖」というようになりました。

無門は評して言う――

[一五]雲門はそのときただちに本分の草料《かいば》を与えて、[一六]洞山に別に生き生きとした働きの

一路を経験させて、その家門が寂寥《さび》しくならぬようにしてやった。
[一七]一晩中、洞山を是非の海の中に突き倒して、まっすぐ夜の明けるのを待って、ふたたびやってくると、重ねてまた彼に対して解説してやった。[一八]洞山がその場で悟ったとしても、まだ怜悧《れいり》な人物とは言えない。
[一九]さて諸君に尋ねよう。洞山の三頓棒は、喫すべきか、喫すべきではないのか。[二〇]もし喫すべきだというなら、草も木も草むらも林も、みんな棒をくらうべきだ。[二一]もし喫すべきではないというなら、雲門は重ねてでたらめを言ったことになる。[二二]ここがはっきりできたら、まさにそのとき洞山のために満口の気を吐くことになろう。

雲門があのときすぐに、本分の草料《かいば》、禅本来の食料である三頓棒という大否定を行じて、打って打って打ちすえていたら、そうして洞山をして生き生きとした働きの一路を体験させていたら、今日雲門宗の末路がこんなにさびれなくてすんだものを。もっときびしく弟子を育てんから後継ぎがなくなるのだ。そのうえ、洞山が一晩中あれこれと是非の世界に突き当たって、翌朝、夜明けを待って再び質問してきたとき、重ねて何であんな婆談義の注釈などしてきかせたのか。どうも雲門禅師のやり方は手ゆるくていかん、と。

これは、けっして文字どおりの客観的な雲門宗の批判ではありません。こう悪口を言いながら実に見事に雲門の家風を浮び上がらせているのです。例の禅独特の修辞法です。

洞山はそのときすぐに悟ったというが、そこまで言われて悟るのでは、洞山もまだ利口な男とは言えん。おそい、おそい。いったい雲門の三頓棒、くらうべきなのかくらうべきでないのか。もしくらうべきだというなら、草も木も林も草むらも、みんなぶっ叩かれて然《しか》るべきだ。もしくらうべきでないというなら、雲門がタワゴトをいったことになる。さあここがはっきり分かったら、はじめて洞山に向って気を吐《は》く——一矢報いてやれるというものだ。

無門は頌《うた》って言う——

谷[二三]にけおとす親の慈悲、
躍《おど》り飛び出る若獅子よ。
計《はか》[二四]らず吐いた取っておき、
この矢の深さ君知るや。

私は、無門和尚の扱い方とはまた別の見方で、この公案をここで取り上げましたのは、もう言うまでもなく、この則を「向上」の公案として、洞山禅師のほうに重点を置いて見ることにしたからです。

ここには禅門、特に臨済宗によく見られます「棒喝の勇ましさ」はありません。「君に三頓の棒を許す」と言われます老禅匠洞山の、すり上げきった老練な禅境のありがたさを拝もうというのです。

## 46　徳山《とくさん》の托鉢《たくはつ》　（第十三則　徳山托鉢《とくさんたくはつ》）

[一]徳山和尚は、ある日、持鉢を捧《ささ》げ持って、食堂《じきどう》へ出てきた。そして[二]雪峰に、
「この老漢《じいさん》、まだ合図の鐘も太鼓もならんのに、持鉢を持ってどこへ行かれるのです」

と問われて、[三]そのまますっと居間に帰って行かれた。[四]雪峰はこのことを巌頭に話した。[五]巌頭は言った、

「徳山老師ともあろうお方が、まだ〈末後の句〉がお分かりでない」
[六]徳山はこれを聞いて、侍者に巌頭を呼んでこさせて、[七]尋ねた、
「おまえはこの老僧《わし》を肯《うけが》わないのか」
[八]巌頭は何やら密《ひそ》かに徳山に申し上げた。[九]そこで、徳山は文句をいうのをやめた。
[一〇]その翌日、講座に上がった徳山は、はたしていつもとは違っていた。[一一]巌頭は僧堂の前に来て、手を打って大笑して言った、

「まあうれしいことに、徳山老師にも〈末後の句〉がお分かりいただけた。今後[二三]は、天下の人も、あのお方をどうすることもできまい」

——

ある日、何かの都合で食事がおくれたことがあって、徳山禅師は、持鉢（自分用の食器）を手にしておひとり食堂へ出てこられました。それを見た典座《てんぞ》（食事係の長）の雪峰が、「この老漢《おやじ》さん、まだ食事の合図の鐘もならず、太鼓もならんのに、鉢を手にしてのこのこ出てきて、いったいどこへ行かれるのですか」と言いました。弟子の雪峰にそう言われても、徳山老禅師は何にもおっしゃらず、そのまますっと自分の居間に帰られました。

おやじをやりこめた気の雪峰は、得意になってこのことを兄弟子《でし》の巌頭に話しました。常々何とかして弟弟子の雪峰の心の眼を開いてやりたいと思っていた巌頭は、いい機会とばかり即席の釣り針を投げました、「徳山老師ともあろうお人がまだ〈末後の句〉がお分かりでないとは」。そんなことだから、お前などにやりこめられるのだと、言わんばかりです。

これを聞くと、徳山禅師はわざわざみんなに分るように、侍者を使いにたてて巌頭を呼びつけて言われました、「あんた、私を肯わぬというのかな」。巌頭は師匠の耳もとで何やらこそこそとその意のあるところを述べました。禅師はそれで文句を言うのをやめてしまわれました。

　あくる日、徳山禅師は説法の座に上がると、果然ふだんとまったく違った説法ぶりでした。巌頭はそれを聞くと、僧堂の前に行って、手を叩いて言いました、「まあ、うれしいことじゃ。おやじさんにも〈末後の句〉が分かってもらえたぞ。もうこれからは、天下の人は、誰も、うちのおやじさんをどうすることもできまいて」。

　これは古来「向上」の公案の一つと言われて、どこの禅道場でもなかなか評判の則です。徳山禅師といえば、「道《い》い得るもまた三十棒、道《い》い得ざるもまた三十棒」といって、言えても言えなくても三十棒ぶったたくという、はげしい弟子の接得ぶりで有名な禅匠でした。その徳山がまるでもうほんとうに好々爺《こうこうや》になって、何もかもすっかりすりあげきってしまって、もうお得意の棒のボの字も忘れはてたような、円熟しきった老徳山になられたお姿を見ることのできる、まことにありがたい公案でありまず。

『新約聖書』の中に、キリストに愛された若い弟子のヨハネのことを「雷の子《いかずち》」と呼ばれたという言葉があります。伝説によりますと、このヨハネがキリストの死後、小アジアの辺《あたり》に伝道して、年老いてもう説教する力もなくなり、ようよう壇上に上がっては、ただひと言、「汝ら互いに相愛せよ」と言ったということです。「かみなりの子」から「愛の使徒」へ。『聖書』を読むなら、始めどんなであった人間が、福音にふれてのちにどう変わったかを見るがよい、と若いころに和田信次牧師に教えられたことがありました。

「臨済の喝、徳山の棒」と並び称せられた、あのはげしい機鋒の徳山禅師が、弟子どならられて黙ってすっと方丈に帰られる。わが国の古人は、この「回方丈」の三字に、無限の禅味を掬《く》んでいられます。「始随芳草去、又逐落花回」（始めは芳草に随って去り、又た落花を逐うて回《かえ》る）――そのすり上げきった無心の妙用《みょうゆう》（すばらしい働き）には、もう説明の言葉もありません。私どもは、ここに老徳山の到りえた禅境の深さを拝まねばなりません。

私は『正法眼蔵』における道元禅師の徳山批判を読むたびに、禅師がこうした老徳山の「仏向上」の禅境を見落として、若き日の徳山だけを批評されたことを残念に思わずにはいられません。

故古川堯道老師は、室内で『無門関』を数えさせるときに、この第十三則だけを飛ばして、大事な公案として、ずっと後になって見せるようにしておられました。

無門は評して言う——

もし[一三]〈末後の句〉なら、巌頭も徳山も、いずれもまだ夢にも見ないというところがあるぞ。[一四]よくよくしらべてみると、［巌頭も徳山も雪峰も］まるで　幕の木偶《でく》人形そっくりだ。

無門は頌《うた》って言う——

[一五]最初の句が分かったら、
すぐに末後の句も分かる。
［[一六]しかし］末後［の句］と最初［の句］とは、
この〈一句〉ではない。

無門和尚は評して言われました——

もし「末後の句」というたら、巌頭も徳山も、まだ二人とも夢にも見ないぞ！　彼らのやり口をこの無門がとくとしらべてみると、巌頭も徳山もさながら一つの棚にならべられたデク人形そっくりじゃないか！（もちろんこれは例のけなしてほめる「抑《よく》

下《げ》の托上《たくじょう》」です）

小堀南嶺和尚が鈴木大拙先生の霊前に唱えられた香語の「句」に、
衆生無辺誓願度（衆生は無辺なり、誓って度せんことを願う）
煩悩無尽誓願断（煩悩は無尽なり、誓って断ぜんことを願う）
法門無量誓願学（法門は無量なり、誓って学ばんことを願う）
仏道無上誓願成（仏道は無上なり、誓って成ぜんことを願う）
九十五年只這願（九十五年ただこの願）
更余一願也風流（更に一願を余す也風流《やふうりゅう》）
先生！　先生！　喝
とありました。

鈴木先生の九十五年の生涯を貫いたものも、そして先生が死なれても死なぬものとして残されたものは、ただ「この一願」でありました。これが先生の「末後の句」であります。だから、この願が発《おこ》るときに仏道はもう成就するのです。「初発心時便成正覚」（初めの発心の時、便《すなわ》ち正覚を成《じょう》ず）とはここです。最初の発心のときに、ただちに正覚を成ずるのです。「最初を識得すれば、便ち（ただちに）末後の句を会する」のです。「上《かみ》向上の菩提を求むるは、下《しも》衆生を度せんがためなり」です。そうは言っても、「末後」は「最初」と必ずしも同じではありません。別々！「尋常一様窓前月、纔有梅花又不同」（尋常一様窓前の月、纔《わずか》に梅花あって又た同じからず）。作麼《そも》生《さん》ならんか是れ梅花？

# 47 迦葉《かしよう》の旗竿《はたざお》 （第二十二則　迦葉《かしよう》刹竿《せつかん》）

[一]迦葉《かしよう》は、阿難《あなん》が、
「世尊は［あなたに］金襴《きんらん》の袈裟《けさ》を授けられた以外に、別に何をお伝えになりましたか」

と尋ねたので、[二]迦葉は、

「阿難よ」

と喚《よ》んだ。[三]阿難は、

「はい」

と返事をした。[四]迦葉は言った、

「門前の刹竿《はたざお》を倒してしまえ」


---

迦葉《かしよう》尊者（西天初祖）は、阿難《あなん》（西天第二祖）が、いちおうの悟りを得たのちに、

「世尊はあなたに金襴《きんらん》の袈裟を授けられたほかに、別に何かをお伝えになりませんで

したか」と問うたので、「阿難よ」と呼ばれました。阿難は、思わず「はい」と答えました。ここで、阿難ははっと気づいたはずです。「阿難」と言われて、無心に「はい」と応ずる者、その「無相の自己」のほかに、いったい何がありましょうか。それが「仏」です。禅道仏教と言っても、そのほかに何もありません。

そのとき迦葉尊者は言われました、「門前の旗竿を倒しなさい」。インド以来、説法のある日は、門前にその印《しるし》の旗を揚げます。その「寺の旗を倒せ」というのは、あなたが大悟して、第二祖になったからには、私はきょうから隠居する、もう説法はしない。だから旗竿は不要だ、私は店じまいだ、きょうからあなたが店びらきだ。というのでしょうか。

しかし、それはそれとして、室内では別の調べがあります。人間はとかく悟って「仏」と成りますと、〝私は仏に成った〟という意識に執《とら》われます。公案の修行が終わって「法」を得るというと、その〝法を得た〟という余計な意識に汚されます。今日、臨済宗（黄檗宗を含めて）には三千四百ヵ寺の寺院があります。そこにかりに同じ数の僧侶がいたとして、そのうちのわずかに八十数名だけが、白隠下の公案修行を終えた「大事了畢《だいじりょうひつ》」の「印可」もちと言われる「師家《しけ》分上」です。まして、僧籍を持たない居士身の大事了畢底《てい》ということになれば、それはもうほんとうに寥々たるものです。それで、なかにはそれこそ何かとてつもない偉い者になったような思いに陥る者も出て来るでしょう。しかし、僧俗を問わず、そうした「仏見・法見《ほっけん》」をひっかつぐ過ちに落ちいらぬために、白隠下では「向上」の公案を、それこそ「これでもか、これでもか」というほどに課するのです。ですから、兎《う》の毛一本でも「仏見・法見」に執われている者がいたら、それだけでその人はまだ「向上」の公案を透過し得てない人だということが分かります。こんな相似禅者・似而非《えせ》禅匠がいるから、外国の好《こう》人《にん》に「鼻もちならない禅臭（禅宗？）」などと言われるのです。自他ともに心しなければなりません。

無門は評して言う——

[五]もしここでぴたりと一転語を下《く》だすことができたら、霊鷲山《りょうじゅせん》[六]の釈尊の集会《しゅえ》が儼然《げんぜん》としてまだ散会しないで続いているということがすぐに分かろう。もしやまだそうでなければ、過去第一仏の毘婆尸仏《びばしぶつ》が早くから心がけて修行してきたのに、現在に至っても悟りの妙《みょう》境を得ることができないということになろう。

「仏法は無我にて候」です。仏教は徹底した「無我」の教えです。たとえ「仏」となって、「法」を得たとしても、それをひっかついだら、そのとたんに「大我」に落ちてしまいます。古人は、それを「金鎖《こんさ》の難」と言って注意せられました。「自分は法を得た」と言って、せっかく〝煩悩・妄想〟の「鉄の鎖」から解脱できたのに、今度は〝悟り〟という、〝法〟という「黄金の鎖」に縛られるのです。何はともあれ、心中一点の「自我」の念の残るあいだは、真に「無我」の仏法とは言えません。

もし、ここで一転語が下だせたら、釈尊は今も厳として生きていられます。まだそうでないなら、久遠《くおん》の過去から修行しても、即今まだ「真の悟り」を得ていないということになるぞ、と無門和尚も言われます。

無門は頌《うた》って言う——

問[七]いは答えの親しいのに比《くら》べてどうだ、
どれだけの人がここで筋がはるほど眼をこらしたことか。
兄[八]（迦葉）が呼び弟（阿難）が応じて家の醜《はじ》をさらした、
陰陽に属しない別世界の永遠の春である。

# 48　趙州《じょうしゅう》と老婆《ろうば》

（第三十一則　趙州《じょうしゅう》勘婆《かんば》）

　[一]趙州《じょうしゅう》は、僧が老婆に、
「台山への路は、どこへ向って行けばよいか」

と問うと、[二]老婆が、

「まっすぐに行かっしゃい」

という、[三]僧が三歩か五歩行くやいなや、[四]老婆は、

「よいお坊さまが、またあんなふうに行くわ」

という。[五]のちに僧がいてこの話を趙州にしたので、[六]趙州は言った、

「ひとつ衲《わし》が行ってお前のためにこの老婆を調《しら》べてやろう」
　[七]翌日さっそく行って、またそのように問うた、老婆もまたそのように答えた。
[八]趙州は帰ってきて大衆《みんな》に言った、
「台山の老婆は、衲《わし》がお前たちのためにすっかり見破ってしまったぞ」

趙州禅師のお話です。茶店でもあったのでしょうか、そこで道が分かれてでもいたのでしょうか。行脚の僧が、「台山への道は、どう行けばよいか」と問いますと、老婆は、ただ「まっすぐに行かっしゃい」と答えるのを常としました。言われて、僧が三歩か五歩歩いて行きますと、老婆はすぐに、「よいお坊さまが、またあんなふうに行くわ」と言います。こう言われますと、たいていの僧が、ぎょっとします。今まで何でもなく歩いていたのが、そこで歩けなくなります。そこがありがたいところです。禅門には、中国でも日本でも、ときにこうした老婆がいて、よく修行僧をやりこめます。先には徳山禅師を導いた澧《れい》州途上の老婆がいました。

この話が、いつかある僧を通して、趙州禅師のお耳に入りました。禅師は言われました、「ひとつ私が行って、お前たちのためにあの老婆を調べてやろう」。禅師は翌日さっそく出かけていかれました。例のように尋ねますと、老婆はいつものように答えました。帰って来られた禅師は、大衆《みんな》に言われました、「台山の老婆は、私がお前たちのために見破ってやったぞ」

どう見破られたのか、それがこの公案のいちばん大事なところです。

この公案についても、私はすでに「伝統の重さということ――龍宝・鵠林下の祖法に思う――」という一文を書いて、他派の室内の調べにも触れて、かなり突っ込んで論じていますので、志のある方は一読していただきたいと思います（秋月龍珉著作集第二巻『初めに大悲ありき』、三一書房刊）。

無門は評して言う——

老婆[九]はただ居《い》ながらにして本営で計略をめぐらすことだけはできたが、結局［そのために］賊を［わが本営にひき］つけて、そのことを知らないでいる。趙州老人[一〇]は［といえば］、敵の陣営に潜入し要塞を略奪する働きは見事だが、重ねてそのうえに大人物たるの相はない[三]［と評すべきだ］。［わし[二]この無門が］点検してみると、二人ともに過ちがある。まあ言ってみよ、どこが趙州が老婆を見破ったところか。

老婆は趙州をわが陣営まで引きつけて、自己の境涯を見破られてしまいました。趙州は趙州で自身わざわざ老婆の所まで出むくなど、大人物の相はありません。無門和尚は、こう言って、私の眼から見ると、二人ともまだダメだ、と言われます。しかし、これは例の禅文学特有の拈弄《ねんろう》です。口でけなして心でほめて、趙州と老婆の行為に光る「一点無縁の大悲心」を拝んでいられるのです。だから、和尚は言われます、「まあ、諸君、言ってみよ、どこが趙州が老婆を見破ったところか」と。故柴山全慶老師は、「趙州老人の勘破したものは婆子《ばす》なりや、婆子に光る不伝の些子《さし》なりや」と言われました。こんな公案で、禅者の言行の出てくる大本《おおもと》を、よくよく拝んでおかなければなりません。この「些子」（ほんの少し、ちょっと）のところにこそ、禅の「公案体系」を生み出す禅仏教者の「大悲心」の光りを、私は見るのです。摩訶般若《まかはんにゃ》波羅蜜多《はらみった》！

無門は頌《うた》って言う――
[一三]問いが同じである以上、
答えもまた互いに似ている。
[一四]飯の中に砂があり、
泥の中に刺《とげ》がある。

# 『無門関』公案四十八則（原文・訓読文）

## ■第一則　趙州無字

[一]趙州和尚、因僧問、「狗子還有仏性也無」、[二]州云、「無」。

無門曰：…

[三]参禅須透祖師関、妙悟要窮心路絶。[四]祖関不透、心路不絶、尽是依草附木精霊。[五]且道、如何是祖師関。[六]只者一箇「無」字、乃宗門一関也。[七]遂目之曰、「禅宗無門関」。[八]透得過者、非但親見趙州、便可与歴代祖師、把手共行、眉毛厮結、同一眼見、同一耳聞。[九]豈不慶快。[一〇]莫有要透関底麼。[一一]将三百六十骨節、八万四千毫竅、通身起箇疑団、参箇「無」字、昼夜提撕。[一二]莫作虚無会、莫作有無会。[一三]如呑了箇熱鉄丸相似、吐又吐不出、蕩尽従前悪知悪覚、久久純熟、自然内外打成一片。[一四]如唖子得夢、只許自知。[一五]驀然打発、驚天動地、如奪得関将軍大刀入手、逢仏殺仏、逢祖殺祖、[一六]於生死岸頭、得大自在、向六道四生中、遊戯三昧。[一七]且作麼生提撕。[一八]尽平生気力、挙箇「無」字。[一九]若不間断、好似法燭、一点便著。

頌曰：…

[二〇]狗子仏性、全提正令。

[二一]纔渉有無、喪身失命。

＊　　＊　　＊

〔第一則　趙州《じょうしゅう》の無字〕

[一]趙州和尚、僧の「狗子《くし》にも還《ま》た仏性《ぶっしょう》ありや」と問うに因《よ》って、[二]州云《いわ》く、「無《む》」。

無門曰《いわ》く……
[三]参禅は須《すべか》らく祖師の関を透るべし、妙悟は心路の絶することを窮めんことを要す。[四]祖関透らず、心路絶せずんば、尽《ことごと》く是れ依《え》草《そう》附《ふ》木《ぼく》の精霊《しょうりょう》ならん。[五]且《しばら》く道《い》え、如何《いか》なるか是れ祖師の関。[六]只《た》だ者《こ》の一箇の「無」の字、乃《すなわ》ち宗門の一関なり。[七]遂《つい》に之《こ》れを目《なづ》けて「禅宗無門関」と曰《い》う。[八]透得過する者は、但《た》だに親しく趙州に見《まみ》ゆるのみにあらず、便《すなわ》ち歴代の祖師と手を把《と》って共に行き、眉毛厮《あい》結んで同一眼《どういちげん》に見、同一耳《どういちに》に聞くべし。[九]豈《あ》に慶快ならざらんや。
[一〇]透関せんと要する底《もの》あること莫《な》しや。[一一]三百六十の骨節、八万四千の毫竅《ごうきょう》を将《も》って、通身に箇《こ》の疑団を起こして、箇の「無」の字に参じ、昼夜に提撕《ていぜい》せよ。[一二]虚無の会を作《な》すこと莫《な》かれ、有《う》無の会を作すこと莫かれ。[一三]箇《こ》の熱鉄丸を呑了《どんりょう》するが如くに相似て、吐《は》けども又《ま》た吐き出《い》ださず、従前の悪知悪覚《あっかく》を蕩尽《とうじん》し、久久に純熟して、自然《じねん》に内外《ないげ》打成《だじょう》一片《いっぺん》なり。[一四]唖子《あし》の夢を得るが如く、只《た》だ自知することを許す。[一五]驀然《まくねん》として打発《たはつ》せば、天を驚かし地を動じて、関将軍の大刀を奪い得て手に入るるが如く、仏に逢《お》うては仏を殺し、祖に逢うては祖を殺し、[一六]生死《しょうじ》岸頭に於《お》いて大自在を得《え》、六道四生《ろくどうししょう》の中に向《お》いて、遊戯《ゆげ》三昧《ざんまい》ならん。
[一七]且《しばら》く作麼生《そもさん》か提撕《ていぜい》せん。[一八]平生《へいぜい》の気力を尽して、箇の「無」の字を挙《こ》せよ。[一九]若《も》し間断《けんだん》せずんば、好《はなは》だ法燭の一点すれば便《すなわ》ち著《つ》くに似ん。
頌《じゅ》に曰く……

[二〇]狗子《くし》仏性《ぶっしょう》、
全提正令《しょうれい》。
[二一]纔《わずか》に有無《うむ》に渉《わた》るや、
喪身失命《そうしんしつみょう》せん。

## ■第二則　百丈野狐

[一]百丈和尚、凡参次、有一老人、常随衆聴法。[二]衆人退、老人亦退。[三]忽一日不退。[四]師遂問、「面前立者、復是何人」。[五]老人云、「諾、某甲非人也。[六]於過去迦葉仏時、曾住此山。[七]因学人問、『大修行底人、還落因果也無』、[八]某甲対云、『不落因果』。[九]五百生堕野狐身。[一〇]今請和尚代一転語、貴脱野狐」。[一一]遂問、「大修行底人、還落因果也無」。[一二]師云、「不昧因果」。[一三]老人於言下大悟、作礼云、「[一四]某甲已脱野狐身、住在山後。[一五]敢告和尚、乞依亡僧事例」。
[一六]師令維那白槌告衆、「食後送亡僧」。[一七]大衆言議、「一衆皆安、涅槃堂又無人病。[一八]何故如是」。[一九]食後只見師領衆、至山後巌下、以杖挑出一死野狐、乃依火葬。
[二〇]師至晩上堂、挙前因縁。[二一]黄檗便問、「古人錯祇対一転語、堕五百生野狐身。[二二]転転不錯、合作箇甚麼」。[二三]師云、「近前来、与伊道」。[二四]黄檗遂近前、与師一掌。[二五]師拍手笑云、「将謂胡鬚赤、更有赤鬚胡」。

無門曰：…

[二六]不落因果、為甚堕野狐。[二七]不昧因果、為甚脱野狐。[二八]若向者裏著得一隻眼、便知得前百丈贏得風流五百生。

頌曰…

[二九]不落不昧、両采一賽。
[三〇]不昧不落、千錯万錯。

＊　＊　＊

〔第二則　百丈の野狐《やこ》〕

[一]百丈和尚、凡《およ》そ参の次《おり》、一老人あり、常に衆《しゅ》に随って法を聴く。[二]衆人退けば、老人も亦《ま》た退く。[三]忽ち一日退かず。[四]師遂《つい》に問う、「面前に立つ者は、復《そ》も是れ何人ぞ」。[五]老人云く、「諾《だく》、某甲《それがし》は非人なり。[六]過去迦葉仏《かしょうぶつ》の時に於《お》いて、曾《か》つて此の山に住す。[七]学人の『大修行底《てい》の人も還《ま》た因果に落つるや』と問うに因《よ》って、[八]某甲対《それがしこた》えて云く、『不落因果』と。[九]五百生《しょう》野狐身に堕す。[一〇]今請う和尚、一転語を代って、貴《ねが》わくは野狐を脱せしめよ」。[一一]遂に問う、「大修行底の人も還《ま》た因果に落つるや」。[一二]師云く、「不昧《ふまい》因果」。[一三]老人言下に於いて大悟し作礼《さらい》して云く、「[一四]某甲、已《すで》に野狐身を脱して山後に住在《とど》む。[一五]敢《あ》えて和尚に告ぐ、乞う亡僧《もうそう》の事例に依れ」。[一六]師、維那《いのう》をして白槌《びゃくつい》して衆に告げしむ、「食後《じきご》に亡僧を送らん」。[一七]大衆言議《ごんぎ》すらく、「一衆皆な安し、涅槃堂《ねはんどう》に又た人の病むなし。[一八]何が故ぞ是《か》くの如くなる」。[一九]食後《じきご》に只だ師の衆を領して山後の巌下に至り、杖を以《も》って一死野狐を挑出《ちょうしゅつ》して、乃《すなわ》ち火葬に依るを見る。

[二〇] 師、晩に至って上堂して、前《さき》の因縁を挙《こ》す。[二一] 黄檗《おうばく》便《すなわ》ち問う、「古人錯《あやま》って一転語を祇対《したい》して、五百生の野狐身に堕す。[二二] 転々錯らずんば、合《まさ》に箇《こ》の甚麼《なに》にか作《な》るべき」。[二三] 師云く、「近前来。伊《か》れが与《ため》に道《い》わん」。[二四] 黄檗、遂に近前して師に一掌を与う。[二五] 師、手を拍《う》って笑って云く、「将《まさ》に謂《おも》えり胡鬚赤《こしゅしゃく》と、更に赤鬚《しゃくしゅ》の胡《こ》あり」。

無門曰く…

[二六] 不落因果、甚《なん》と為《し》てか野狐に堕する。[二七] 不昧因果、甚《なん》と為《し》てか野狐を脱する。[二八] 若《も》し者裏《しゃり》に向って一隻眼《いっせきげん》を著得《じゃくとく》せば、便《すなわ》ち前百丈の風流なる五百生を贏《かち》得たることを知《し》得らん。

頌《じゅ》に曰く…

[二九] 不落と不昧と、
両采一賽《りょうさいいっさい》なり。
[三〇] 不昧と不落と、
千錯《せんしゃく》万錯なり。

## ■第三則　倶胝竪指

[一] 倶胝和尚、凡有詰問、唯挙一指。[二] 後有童子、因外人問、「和尚説何法要」、[三] 童子亦竪指頭。[四] 胝聞、遂以刃断其指。[五] 童子負痛号哭而去。[六] 胝復召之。[七] 童子廻首。[八] 胝却竪起指。[九] 童子忽然領悟。

[一〇]胝将順世、謂衆曰、「[一一]吾得天龍一指頭禅、一生受用不尽」。[一二]言訖示滅。
[一三]倶胝幷童子、悟処不在指頭上。[一四]若向者裏見得、天龍同倶胝幷童子、与自己一串穿却。
無門曰…
頌曰…
[一五]倶胝鈍置老天龍、利刃単提勘小童。
[一六]巨霊擡手無多子、分破華山千万重。

＊　＊　＊

〔第三則　倶胝《ぐてい》指を竪《た》つ〕

[一]倶胝和尚、凡そ詰問あれば、唯《た》だ一指を挙ぐ。[二]後に童子あり、外人《がいにん》の「和尚何の法要をか説く」と問うに因《よ》って、[三]童子も亦《ま》た指頭を竪つ。[四]胝、聞いて、遂《つい》に刃《やいば》を以って其《そ》の指を断つ。[五]童子負痛号哭《ごうこく》して去る。[六]胝、復た之《こ》れを召す。[七]童子首《こうべ》を廻《めぐ》らす。[八]胝、却って指を竪起《じゅき》す。[九]童子忽然《こつねん》として領悟す。[一〇]胝、将《まさ》に順世《じゅんせ》せんとして、衆《しゅ》に謂《い》って曰く、「[一一]吾れ天龍一指頭の禅を得て、一生受用《じゅゆう》不尽」と。[一二]言い訖《おわ》って滅を示す。

無門曰く…
[一三]倶胝幷《なら》びに童子、悟処は指頭上に在《あ》らず。[一四]若《も》し者裏《しゃり》に向《お》いて見得せば、天龍同じく倶胝幷《なら》びに童子と、自己と一串《いっせん》に穿却《せんきゃく》せん。

頌《じゅ》に曰く…
[一五]倶胝鈍置《どんち》す老天龍、
利刃単提して小童を勘す。
[一六]巨霊《これい》手を擡《もた》ぐるに多子《たし》なし、
分破す華山の千万重。

## ■第四則　胡子無鬚

[一]或庵曰、「西天胡子、因甚無鬚」。

無門曰…

[二]参須実参、悟須実悟。[三]者箇胡子、直須親見一回始得。[四]説親見、早成両箇。

頌曰…

[五]痴人面前、不可説夢。
[六]胡子無鬚、惺惺添懵。

＊　　＊　　＊

〔第四則　胡子《こす》に鬚《ひげ》なし〕

[一]或庵曰く、「西天《さいてん》の胡子、甚《なん》に因《よ》ってか鬚なき」。

無門曰く…

[二]参は須《すべか》らく実参なるべし、悟は須らく実悟なるべし。[三]者箇《しゃこ》の胡子、直《た》だ須らく親見一回すべくして、始めて得《よ》し。[四]親見と説くも、早や両箇と成る。
頌《じゅ》に曰く…
[五]痴人《ちじん》面前、
夢を説くべからず。
[六]胡子無《む》鬚《しゅ》、
惺惺《せいせい》に懵《もう》を添う。

## ■第五則　香厳上樹

[一]香厳和尚云、「如人上樹、口啣樹枝、手不攀技、脚不踏樹。[二]樹下有人、問西来意、不対即違他所問、若対又喪身失命。[三]正恁麼時、作麼生対」。
無門曰…
[四]縦有懸河弁、総用不著。[五]説得一大蔵経、亦用不著。[六]若向者裏対得著、活却従前死路頭、死却従前活路頭。[七]其或未然、直待当来問弥勒。
頌曰…
[八]香厳真杜撰、悪毒無尽限。
[九]啞却衲僧口、通身迸鬼眼。

＊　　＊　　＊

〔第五則　香厳《きょうげん》、樹《き》に上《のぼ》る〕

[一]香厳和尚云く、「人の樹に上ぼるが如し、口は樹枝を啣《ふく》み、手は枝を攀《よ》じず、脚《あし》は樹を踏まず。[二]樹下《じゅげ》に人あり、西来意《せいらいい》を問《と》わんに、対《こた》えずんば即ち他《か》れの所問に違《そむ》く、若《も》し対えなば又た喪身失命《しつみょう》せん。[三]正恁麼《しょういんも》の時、作麼生《そもさん》か対えん」。

無門曰く…

[四]縦《たと》い懸河の弁あるも、総《そう》に用不著《ゆうふじゃく》。[五]一大蔵経を説き得るも、亦《ま》た用不著。[六]若《も》し者裏《しゃり》に向《お》いて対得著《じゃく》せば、従前の死路頭を活却し、従前の活路頭を死却せん。[七]其《そ》れ或《あ》るいは未だ然らずんば、直《じき》に当来を待って弥勒《みろく》に問え。

頌《じゅ》に曰く…

[八]香厳　真に杜撰《ずさん》、
悪毒　尽限なし。
[九]衲僧《のうそう》の口を唖却《あきゃく》して、
通身に鬼眼迸《きげんほとばし》る。

## ■第六則　世尊拈花

[一]世尊、昔在霊山会上、拈花示衆。[二]是時衆皆黙然、惟迦葉尊者、破顔微笑。[三]世尊云、「吾有正

法眼蔵、涅槃妙心、実相無相、微妙法門。[四]不立文字、教外別伝、付嘱摩訶迦葉」。

　無門曰…

[五]黄面瞿曇、傍若無人、圧良為賤、懸羊頭売狗肉。[六]将謂多少奇特。[七]只如当時大衆都笑、正法眼蔵、作麼生伝。[八]設使迦葉不笑、正法眼蔵、又作麼生伝。[九]若道正法眼蔵有伝授、黄面老子、誑謼閭閻。[一〇]若道正法眼蔵無伝授、為甚麼独許迦葉。

　頌曰…

[一]拈起花来、尾巴已露。
[二]迦葉破顔、人天罔措。

＊　　＊　　＊

〔第六則　世尊《せそん》の拈花《ねんげ》〕

[一]世尊《せそん》、昔、霊山会上《りようぜんえじよう》に在って、花を拈《ねん》じて衆《しゆ》に示す。[二]是《こ》の時、衆皆な黙然《もくねん》たり。惟《た》だ迦葉《かしよう》尊者のみ破顔微笑《みしよう》す。[三]世尊云く、「吾《わ》れに正法眼蔵《しようぼうげんぞう》、涅槃妙心《ねはんみようしん》、実相無相、微妙《みみよう》の法門あり。[四]不立文字《ふりゆうもんじ》、教外《きようげ》別伝にして、摩訶《まか》迦葉《かしよう》に付嘱《ふぞく》す」。

　無門曰く…

[五]黄面《おうめん》の瞿曇《ぐどん》、傍若無人《ぼうじやくぶじん》、良《りよう》を圧《あつ》して賤《せん》と為《な》し、羊頭を懸《か》けて狗肉《くにく》を売る。[六]将《まさ》に謂《おも》えり、多少の奇特《きどく》と。[七]只如《たとえ》ば当時《そのとき》大衆《だいしゆ》都《すべ》て笑わば、正法眼蔵作麼生《そもさん》か伝えん。[八]設使《もし》迦葉《かしよう》笑わずんば、正法眼蔵又た作麼生か伝えん。[九]若《も》し正法眼蔵に伝授ありと道《い》わば、黄面《おうめん》の老子、閭閻《りよえん》

を誑謼《おうこ》す。[一〇]若《も》し正法眼蔵に伝授なしと道《い》わば、甚麼《なん》としてか独《ひと》り迦葉を許す。

頌《じゅ》に曰く…

[一一]花を拈起し来たって、
[一二]尾巴《びは》已《すで》に露《あら》わる。
迦葉破顔、
人天《にんでん》措《お》く罔《な》し。

## ■第七則　趙州洗鉢

[一]趙州、因僧問、「某甲乍入叢林、乞師指示」、[二]州云、「喫粥了也未」。[三]僧云、「喫粥了也」。[四]州云、「洗鉢盂去」。[五]其僧有省。

無門曰…

[六]趙州開口見胆、露出心肝。[七]者僧聴事不真、喚鐘作甕。

頌曰…

[八]只為分明極、翻令所得遅。
[九]早知燈是火、飯熟已多時。

＊　＊　＊

〔第七則　趙州《じょうしゅう》の洗鉢《せんぱつ》〕

一趙州、僧の「某甲《それがし》、乍入叢林《さにゅうそうりん》、乞《こ》う師指示せよ」と問うに因《よ》って、州二云《いわ》く、「喫粥《きしゅく》し了《おわ》るや未《いま》だしや」。僧三云く、「喫粥し了れり」。州四云く、「鉢盂《はつう》を洗い去れ」。其五《そ》の僧省《せい》あり。

無門曰く……

六趙州、口を開いて胆《たん》を見《あら》わし、心肝を露出す。者七《こ》の僧、事《じ》を聴いて真ならず、鐘《かね》を喚んで甕《かめ》と作《な》す。

頌《じゅ》に曰く……

八只《た》だ分明《ふんみょう》なること極まれるが為に、
翻《かえ》って所得をして遅《おそ》からしむ。
九早く燈《ともしび》は是れ火なることを知らば、
飯《はん》の熟《じゅく》すること已《すで》に多時なりしならんに。

## ■第八則　奚仲造車

一月庵和尚、問僧、「奚仲造車一百輻、拈却両頭去却軸。明二甚麼辺事」。

無門曰……

三若也直下明得、眼似流星、機如掣電。

頌曰……

四機輪転処、達者猶迷。

[五]四維上下、南北東西。

＊　＊　＊

〔第八則　奚仲《けいちゅう》、車を造る〕

[一]月庵《げったん》和尚、僧に問う、「奚仲《けいちゅう》、車を造ること一百輻《ふく》、両頭を拈却《ねんきゃく》し、軸を去却《こきゃく》す。[二]甚麼《なに》辺《へん》の事《じ》をか明らむる」。

無門曰く…

[三]若也《もし》直下《じきげ》に明らめ得ば、眼《まなこ》は流星に似、機は掣電《せいでん》の如くならん。

頌《じゅ》に曰く…

[四]機輪転ずる処、
達者《たっしゃ》すら猶《な》お迷う。
[五]四維《しい》上下《じょうげ》、
南北東西。

■第九則　大通智勝

[一]興陽譲和尚、因僧問、「大通智勝仏、十劫坐道場、仏法不現前、不得成仏道時如何」、[二]譲曰、「其問甚諦当」。僧[三]云、「既是坐道場、為甚麼不得成仏道」。[四]譲曰、「為伊不成仏」。

無門曰…

[五]只許老胡知、不許老胡会。[六]凡夫若知、即是聖人。[七]聖人若会、即是凡夫。

頌曰……

[八]了身何似了心休、了得心兮身不愁。
[九]若也心身倶了了、神仙何必更封侯。

* * *

〔第九則　大通智勝《だいつうちしょう》〔仏〕〕

[一]興陽《こうよう》の譲《じょう》和尚、僧の「大通智勝仏、十劫《じっこう》坐道場、仏法不現前、不得成仏道《じょうぶつどう》時如何」と問うに因《よ》って、[二]譲曰く、「其《そ》の問《と》い甚《はなは》だ諦当《たいとう》なり」。[三]僧云く、「既に是れ坐道場、甚麼《なん》としてか不得成仏道なる」。[四]譲曰く、「伊《か》れが成仏せざるが為なり」。

無門曰く……

[五]只《た》だ老胡《ろうこ》の知を許して老胡の会《え》を許さず。[六]凡夫若《も》し知らば即ち是れ聖人《しょうにん》、[七]聖人若《も》し会せば即ち是れ凡夫。

頌《じゅ》に曰く……

[八]身を了ずるは心を了じて休するに何似《いずれ》ぞ、
心を了得すれば、身は愁えず。
[九]若《も》し也心身倶《とも》に了了ならば、
神仙何ぞ必ずしも更に侯に封ぜん。

## ■第十則　清税孤貧

[一]曹山和尚、因僧問云、「清税孤貧、乞師賑済」、山[二]云、「税闍梨」。税[三]応諾。山[四]曰、「青原白家酒、三盞喫了、猶道未沾唇」。

無門曰…

[五]清税輪機、是何心行。曹[六]山具眼、深弁来機。然[七]雖如是、且道、那裏是税闍梨喫酒処。

頌曰…

[八]貧似范丹、気如項羽。
[九]活計雖無、敢与闘富。

*　*　*

〔第十則　清税の孤貧〕

[一]曹山《そうざん》和尚、僧の問うて「清税孤貧《せいぜいこひん》、乞う師、賑済せよ」と云《い》うに因《よ》って、山[二]云く、「税闍《じゃ》梨《り》」。税[三]応諾す。山[四]曰く、「青原白家《せいげんはっけ》の酒、三盞《さんさん》喫し了《お》わって、猶《な》お道《い》う未だ唇を沾《うるお》さず」と。

無門曰く…

[五]清税の輪機《ゆき》、是れ何の心行《しんぎょう》ぞ。曹[六]山の具眼《ぐがん》、深く来機《らいき》を弁ず、是[七]《か》くの如くなりと然雖《いえど》も、且《しばら》く道《い》え、那裏《なり》か是れ税闍梨の酒を喫する処ぞ。

頌《じゅ》に曰く……
八貧は范丹《はんたん》に似《に》、
気は項羽《こうう》の如し。
九活計《かつけい》なしと雖《いえど》も、
敢《あ》えて与《とも》に富を闘《たたか》わしむ。

## ■第十一則　州勘庵主

一趙州、到一庵主処問、「有麼有麼」。二主竪起拳頭。三州云、「水浅、不是泊舡処」、便行。四又到一庵主処云、「有麼有麼」。五主亦竪起拳頭。六州云、「能縦能奪、能殺能活」、便作礼。

無門曰……

七一般竪起拳頭、為甚麼肯一箇、不肯一箇。八且道、誵訛在甚処。九若向者裏下得一転語、便見趙州舌頭無骨、扶起放倒、得大自在。一〇雖然如是、争奈趙州却被二庵主勘破。一一若道二庵主有優劣、未具参学眼。一二若道無優劣、亦未具参学眼。

頌曰……
一三眼流星、機掣電。
一四殺人刀、活人剣。

＊　＊　＊

〔第十一則 [趙]州《じょうしゅう》、庵主を勘す〕

[1]趙州、一庵主の処に到って問う、「ありや、ありや」。[2]主、拳頭《けんとう》を竪起《じゅき》す。[3]州云く、「水浅うして、是れ舡《ふね》を泊する処にあらず」といって、便《すなわ》ち行く。[4]又《ま》た一庵主の処に到って云く、「ありや、ありや」。[5]主、亦《ま》た拳頭を竪起す。[6]州云く、「能縦能奪《のうじゅうのうだつ》、能殺能活《のうせつのうかつ》」といって、便《すなわ》ち作礼《さらい》す。

無門曰く…

[7]一般に拳頭を竪起するに、甚麼《なん》としてか一箇を肯《うけが》い、一箇を肯わざる。[8]且《しばら》く道《い》え、誵訛《ごうか》甚《なん》の処にか在《あ》る。[9]若《も》し者裏《しゃり》に向《お》いて一転語を下《くだ》し得ば、便《すなわ》ち趙州の舌頭に骨なきことを見て、扶起放倒《ふきほうとう》、大自在なるを得ん。[10]是《か》くの如くなりと雖然《いえど》も、争奈《いかん》せん趙州却って二庵主に勘破《かんぱ》せらるることを。[11]若《も》し二庵主に優劣ありと道《い》わば、未だ参学の眼《まなこ》を具せず。[12]若《も》し優劣なしと道うも、亦《ま》た未だ参学の眼を具せず。

頌《じゅ》に曰く…

[13]眼は流星、
機は掣電《せいでん》。
[14]殺人《せつにん》刀、
活人《かつにん》剣。

## ■第十二則　巌喚主人

[一]瑞巌彦和尚、毎日自喚「主人公」、復自応諾。[二]乃云、「惺惺著。喏。[三]他時異日、莫受人瞞。喏喏」。

無門曰…

[四]瑞巌老子、自買自売、弄出許多神頭鬼面。[五]何故、聻。[六]一箇喚底、一箇応底。[七]一箇惺惺底、一箇不受人瞞底。[八]認著依前還不是。[九]若也傚他、総是野狐見解。

頌曰…

[一〇]学道之人不識真、只為従前認識神。
[一一]無量劫来生死本、痴人喚作本来人。

＊　＊　＊

〔第十二則　［瑞］巌、主人［公］を喚《よ》ぶ〕

[一]瑞巌《ずいがん》の彦《げん》和尚、毎日自《みずか》ら「主人公《しゅじんこう》」と喚《よ》び、復《ま》た自ら応諾《おうだく》す。[二]乃《すなわ》ち云く、「惺惺著《せいせいじゃく》、喏《だく》。[三]他時異日《たじいじつ》、人の瞞《まん》を受くること莫《な》かれ。喏喏《だくだく》」。

無門曰く…

[四]瑞巌老子、自《みずか》ら買い自ら売って、許多《そこばく》の神頭鬼面《しんずきめん》を弄出《ろうしゅつ》す。[五]何が故ぞ、聻《にい》。[六]一箇の喚ぶ底《てい》、一箇の応ずる底、[七]一箇の惺惺底、一箇の人の瞞を受けざる底。[八]認著《にんじゃく》すれば依前として還《ま》た不是《ふぜ》。[九]若也《もし》他《か》れに傚《なら》わば、総《す》べて是れ野狐の見解《けんげ》ならん。

頌《じゅ》に曰く……
[一〇]学道の人《ひと》の真を識らざるは、
只だ従前より識神《しきしん》を認むるが為なり。
[一一]無量劫来生死《ごうらいしょうじ》の本《もと》、
痴人《ちじん》喚んで本来人《ほんらいにん》と作《な》す。

## ■第十三則　徳山托鉢

[一]徳山一日、托鉢下堂、見[二]雪峰問、「者老漢、鐘未鳴鼓未響、托鉢向甚処去」、[三]山便回方丈。[四]峰挙似巌頭。[五]頭云、「大小徳山、未会末後句」。[六]山聞、令侍者喚巌頭来、[七]問曰、「汝不肯老僧那」。[八]巌頭密啓其意。[九]山乃休去。[一〇]明日陞座、果与尋常不同。[一一]巌頭至僧堂前、拊掌大笑云、「且喜得老漢会末後句。[一二]他後天下人、不奈伊何」。

　無門曰……
[一三]若是末後句、巌頭・徳山、倶未夢見在。[一四]検点将来、好似一棚傀儡。

　頌曰……
[一五]識得最初句、便会末後句。
[一六]末後与最初、不是者一句。

＊　＊　＊

〔第十三則　徳山の托鉢〕

[一]徳山《とくさん》、一日托鉢《たくはつ》して堂に下《く》だり、[二]雪峰《せっぽう》に「者《こ》の老漢、鐘《かね》も未だ鳴らず鼓《く》も未だ響かざるに、托鉢して甚《なん》の処に向かってか去る」と問われて、[三]山、便《すなわ》ち方丈に回《かえ》る。[四]峰、巌頭《がんとう》に挙似《こじ》す。[五]頭云く、「大小の徳山、未だ末後《まつご》の句を会《え》せず」。[六]山聞いて、侍者をして巌頭を喚び来たらしめて、[七]問うて曰く、「汝、老僧を肯《うけが》わざるか」。[八]巌頭、密《みつ》に其《そ》の意を啓《もう》す。[九]山乃《すなわ》ち休し去る。[一〇]明日陞座《しんぞ》、果《は》たして尋常《よのつね》と同じからず。[一一]巌頭、僧堂前に至り、掌《たなごころ》を拊《う》って、大笑して云く、「且《しばら》く喜び得たり、老漢末後の句を会《え》せしことを。[一二]他後《たご》天下の人、伊《か》れを奈何《いかん》ともせざらん」。

無門曰く…

[一三]若《も》し是れ末後の句ならば、巌頭・徳山、倶《とも》に未だ夢にも見ざらん在《ぞ》。[一四]検点《けんてん》し将《も》ち来《き》たれば、好《はなは》だ一棚《いっぽう》の傀儡《かいらい》に似たり。

頌《じゅ》に曰く…

[一五]最初の句を識得すれば、
[一六]便《すなわ》ち末後の句を会《え》せん。
末後と最初と、
是れ者《こ》の一句にあらず。

## ■第十四則　南泉斬猫

[一]南泉和尚、因東西両堂争猫児、[二]泉乃提起云、「大衆、道得即救、道不得即斬却也」。[三]衆無対。[四]泉遂斬之。[五]晩趙州外帰。[六]泉挙似州。[七]州乃脱履、安頭上而出。[八]泉云、「子若在、即救得猫児」。

　無門曰…

[九]且道、趙州頂草鞋、意作麼生。[一〇]若向者裏下得一転語、便見南泉令不虚行。[一一]其或未然、険。

　　頌曰…

[一二]趙州若在、倒行此令。
[一三]奪却刀子、南泉乞命。

*　　　*　　　*

〔第十四則　南泉、猫を斬る〕

[一]南泉《なんせん》和尚、東西の両堂の猫児《みょうじ》を争うに因《よ》って、[二]泉乃《すなわ》ち提起《ていき》して云く、「大衆《だいしゅ》、道《い》い得ば即ち救わん、道い得ずんば即ち斬却《ざんぎゃく》せん」。[三]衆、対《こた》うるなし。[四]泉、遂《つい》に之《こ》れを斬る。[五]晩に、趙州《じょうしゅう》、外より帰る。[六]泉、州に挙似《こじ》す。[七]州乃ち履《くつ》を脱《ぬ》いで頭上に安じて出《い》ず。[八]泉云く、「子若《おんみ》し在らば、即ち猫児を救い得たらんに」。

　無門曰く…

[九]且《しばら》く道《い》え、趙州草鞋《そうあい》を頂く、意作麼生《そもさん》。[一〇]若《も》し者裏《しゃり》に向《お》いて一転語を下《くだ》し得ば、便《すなわ》ち南泉の令《れい》、虚《みだ》りに行ぜざることを見ん。[一一]其《そ》れ或いは未だ然らずんば、険《けん》。

頌《じゅ》に曰く……
[一二]趙州若《も》し在らば、
倒《さかしま》に此《こ》の令《れい》を行ぜん。
[一三]刀子《とうし》を奪却して、
南泉も命《いのち》を乞わん。

■第十五則　洞山三頓

[一]雲門、因洞山参次、[二]門問曰、「近離甚処」、[三]山云、「査渡」。[四]門曰、「夏在甚処」。[五]山云、「湖南報慈」。[六]門曰、「幾時離彼」。[七]山云、「八月二十五」。[八]門曰、「放汝三頓棒」。[九]山至明日、却上問訊、「[一〇]昨日蒙和尚放三頓棒。[一一]不知過在甚麼処」。[一二]門曰、「飯袋子。[一三]江西湖南、便恁麼去」。[一四]山於此大悟。

無門曰……

[一五]雲門当時、便与本分草料、[一六]使洞山別有生機一路、家門不致寂寥。[一七]一夜在是非海裏著倒、直待天明再来、又与他注破。[一八]洞山直下悟去、未是性燥。[一九]且問諸人、洞山三頓棒、合喫不合喫。[二〇]若道合喫、草木叢林、皆合喫棒。[二一]若道不合喫、雲門又成誑語。[二二]向者裏明得、方与洞山出一口気。

頌曰……

[二三]獅子教児迷子訣、擬前跳躑早翻身。
[二四]無端再叙当頭著、前箭猶軽後箭深。

＊　＊　＊

## 〔第十五則　洞山の三頓〔棒〕〕

[一]雲門、洞山《とうざん》の参ずる次《おり》に因《ちな》んで、[二]門、問うて曰く、「近ごろ甚《なん》の処をか離るる」。[三]山云く、「査渡《さと》」。[四]門曰く、「夏《げ》は甚《なん》の処にか在りし」。[五]山云く、「湖南の報慈《ほうず》」。[六]門曰く、「幾時か彼《か》しこを離るる」。[七]山云く、「[一〇]八月二十五」。[八]門曰く、「汝に三頓《さんとん》の棒を放《ゆる》す」。[九]山、明日に至って却《ま》た上ぼって問訊す、「昨日、和尚の三頓の棒を放《ゆる》すことを蒙《こうむ》る。[一一]知らず、過甚麼《とがなん》の処にか在る」。[一二]門曰く、「飯袋子《はんたいす》。[一三]江西《こうぜい》湖南、便《すなわ》ち恁麽《いんも》に去るか」。[一四]山、此《こ》こに於いて大悟す。

無門曰く……[一五]雲門、当時《そのかみ》、便《すなわ》ち本分の草料《そうりょう》を与えて、[一六]洞山をして別に生機《さんき》の一路あり、家門をして寂寥《せきりょう》を致さざらしむ。[一七]一夜是非海裏《かいり》に在って著倒《じゃくとう》し、直《じき》に天明を待って再来するや、又た他《か》れが与《ため》に注破す。[一八]洞山直下《じきげ》に悟り去るも、未だ是れ性燥《しょうそう》ならず。[一九]且《しばら》く諸人に問う、洞山三頓の捧、喫すべきか喫すべからざるか。[二〇]若《も》し喫すべしと道《い》わば、草木叢林《そうりん》皆な棒を喫すべし。[二一]若《も》し喫すべからずと道《い》わば、雲門又た誑語《おうご》を成《な》す。[二二]者裏《しゃり》に向《お》いて明らめ得ば、方《さき》に洞山の与《ため》に一口《いっく》の気を出《いだ》さん。

頌《じゅ》に曰く……

二三獅子　児を教う迷子《めいし》の訣《けつ》、
前《すす》まんと擬《ほっ》して跳擲《ちょうちゃく》して早く翻身《ほんしん》す。
二四端《はし》なく再び叙《の》ぶ当頭著《とうとうじゃく》、
前箭《ぜんせん》は猶《な》お軽く後箭《ごせん》は深し。

## ■第十六則　鐘声七条

一雲門曰、「世界恁麼広闊、因甚向鐘声裏披七条」。

無門曰…

二大凡参禅学道、切忌随声逐色。三縦使聞声悟道、見色明心、也是尋常。四殊不知、納僧家騎声蓋色、頭頭上明、著著上妙。五然雖如是、且道、声来耳畔、耳往声辺。六直饒響寂双忘、到此如何話会。七若将耳聴応難会、眼処聞声方始親。

頌曰…

八会則事同一家、不会万別千差。
九不会事同一家、会則万別千差。

＊　＊　＊

〔第十六則　鐘声［に］七条［を披《き》る］〕

一雲門曰く、「世界恁麼《いんも》に広闊《こうかつ》たり。甚《なん》に因《よ》ってか鐘声裏《しょうせいり》に向かって七条を披《き》る」。

無門曰く…

[二]大凡《おおよ》そ参禅学道は、切《せっ》に忌《い》む声に随い色を逐《お》うことを。[三]縦《たと》使い聞声悟道《もんしょうごどう》、見色明心《けんじきみょうしん》するも、也《ま》た是れ尋常なり。[四]殊に知らず、衲僧家《のうそうけ》は声《しょう》に騎《の》り色《しき》を蓋《おお》い、頭頭《ずず》上に明らかに、著《じゃく》著《じゃく》上に妙なることを。[五]是《か》くの如くなりと然雖《いえど》も、且《しばら》く道《い》え、声《しょう》、耳《に》畔《はん》に来たるか、耳《に》、声辺に往くか。[六]直饒《たと》い響・寂双び忘ずるも、此《ここ》に到って如何《いかん》が話会《わえ》せん。[七]若《も》し耳《に》を将《も》って聴《き》かば応《まさ》に会《え》し難《がた》かるべし、眼処《げんじょ》に声を聞いて方《まさ》に始めて親し。

頌《じゅ》に曰く…

[八]会《え》するときんば事《じ》同一家《どういっけ》、
会《え》せざるときは万別千差《まんべつせんしゃ》。
[九]会《え》せざるときも事《じ》同一家、
会《え》するときんば万別千差《まんべつせんしゃ》。

## ■第十七則　国師三喚

[一]国師三喚侍者、侍者三応。[二]国師云、「将謂吾辜負汝、元来却是汝辜負吾」。

無門曰…

[三]国師三喚、舌頭堕地。[四]侍者三応、和光吐出。[五]国師年老心孤、按牛頭喫草。[六]侍者未肯承当、美食不中飽人飡。[七]且道、那裏是他辜負処。[八]国清才子貴、家富小児嬌。

頌曰…
九鉄枷無孔要人担、累及児孫不等閑。
一〇欲得撐門并拄戸、更須赤脚上刀山。

＊　＊　＊

〔第十七則　国師の三喚〕

一国師、三たび侍者を喚《よ》ぶ。侍者三たび応ず。二国師云く、「将《まさ》に謂《おも》えり、吾れ汝に辜負《こふ》すと、元来却って是れ汝の吾れに辜負す」。

無門曰く…

三国師三喚《さんかん》、舌頭《ぜっとう》地に堕《お》つ。四侍者三たび応ず、光りに和して吐き出《いだ》す。五国師年老い心孤にして、牛頭《ごず》を按《あん》じて草を喫《きっ》せしむ。六侍者未だ肯《あえ》て承当《じょうとう》せず、美食飽人《ほうじん》の湌《さん》に中《あた》らず。七且《しばら》く道《い》え、那裏《なり》か是れ他《か》れが辜負の処ぞ。八国清うして才子貴《たっと》く、家富《と》んで小児嬌《おご》る。

頌《じゅ》に曰く…
九鉄枷《てつか》無孔《むく》　人の担《にな》わんことを要《ほっ》す、
累《わざわい》　児孫に及んで等閑《なおざり》ならず。
一〇門を撐《ささ》え并《ならび》に戸《こ》を拄《ささ》えんと欲得《ほっ》せば、
更に須《すべか》らく赤脚にして刀山に上《の》ぼるべし。

■第十八則　洞山三斤

[一]洞山和尚、因僧問、「如何是仏」、[二]山云、「麻三斤」。

[三]洞山老人、参得些蚌蛤禅、纔開両片、露出肝腸。[四]然雖如是、且道、向甚処見洞山。

無門曰…

頌曰…

[五]突出麻三斤、言親意更親。
[六]来説是非者、便是是非人。

＊　＊　＊

〔第十八則　洞山の［麻《ま》］三斤《さんぎん》〕

[一]洞山《とうざん》和尚、僧の「如何なるか是れ仏」と問うに因《よ》って、[二]山云く、「麻《ま》三斤《さんぎん》」。

無門曰く…

[三]洞山老人、些《さ》の蚌蛤《ぼうごう》の禅に参得して、纔《わず》かに両片を開くや肝腸《かんちょう》を露出《ろしゅつ》す。[四]是《か》くの如くなりと然雖《いえど》も、且《しばら》く道《い》え、甚《なん》の処に向かってか洞山を見ん。

頌《じゅ》に曰く…

[五]突出す麻三斤、
言《げん》　親《した》しゅうして、意　更に親し。
[六]来たって是非を説く者は、

便ち《すなわ》是れ是非の人。

## ■第十九則　平常是道

[一]南泉、因趙州問、「如何是道」、[二]泉云、「平常心是道」。[三]州云、「還可趣向否」。[四]泉云、「擬向即乖」。[五]州云、「不擬、争知是道」。[六]泉云、「道不属知、不属不知。[七]知是妄覚。不知是無記。[八]若真達不擬之道、猶如太虚、廓然洞豁。[九]豈可強是非也」。[一〇]州於言下頓悟。

無門曰……

[一一]南泉被趙州発問、直得瓦解氷消、分疎不下。[一二]趙州縦饒悟去、更参三十年始得。

頌曰……

[一三]春有百花秋有月、夏有涼風冬有雪。
[一四]若無閑事挂心頭、便是人間好時節。

＊　＊　＊

〔第十九則　平常〔心〕是れ道〕

[一]南泉、趙州《じょうしゅう》の「如何なるか是れ道《どう》」と問うに因《よ》って、[二]泉云く、「平常心《へいじょうしん》是れ道」。[三]州云く、「還《ま》た趣向《しゅこう》すべき否《や》」。[四]泉云く、「向かわんと擬《ほっ》すれば即ち乖《そむ》く」。[五]州云く、「擬《ほっ》せざれば、争《いか》でか是れ道なることを知らん」。[六]泉云く、「道は知にも属せず、不知にも属せず。[七]知は是れ妄覚《もうかく》、不知は是れ無記《むき》。[八]若し真に不擬の道に達せば、猶《な》お太虚《たいこ》の廓然《かくねん》として洞豁《とうかつ》なるが如

し。[九]豈《あ》に強《し》いて是非すべけんや」。[一〇]州、言下《ごんか》に頓悟《とんご》す。

　無門曰く…

[一一]南泉、趙州に発問《はつもん》せられて、直《た》だ得たり、瓦解氷消《がげひょうしょう》、分疎不下《ぶんそふげ》なることを。[一二]趙州、縦饒《たと》い悟り去るも、更に参ずること三十年にして始めて得《よ》し。

　頌《じゅ》に曰く…

[一三]春に百花あり秋に月あり、
夏に涼風あり冬に雪あり。
[一四]若《も》し閑事の心頭に挂《か》かるなくんば、
便《すなわ》ち是れ人間《じんかん》の好時節。

## ■第二十則　大力量人

[一]松源和尚云、「大力量人、因甚擡脚不起」。[二]又云、「開口［因甚］不在舌頭上」。

　無門曰…

[三]松源可謂、傾腸倒腹。只是欠人承当。[四]縦饒直下承当、正好来無門処喫痛棒。[五]何故、聻。[六]要識真金火裏看。

　頌曰…

[七]擡脚踏翻香水海、低頭俯視四禅天。

[八]一箇渾身無処著、請続一句。

＊　＊　＊

〔第二十則　大力量の人〕

[一]松源和尚云く、「大力量《だいりきりよう》の人、甚《なん》に因《よ》ってか脚を擡《もた》げ起こさざる」。[二]又た云く、「口を開くこと［甚に因ってか］舌頭上に在らざる」。

無門曰く…

[三]松源謂《いっ》つべし、腸を傾け腹を倒すと。只《た》だ是れ人の承当《じょうとう》することを欠く。[四]縦饒《たと》い直下《じきげ》に承当するも、正《まさ》に好《よ》し無門が処に来《き》たって痛棒を喫せんに。[五]何が故ぞ、聻《にい》。[六]真金を識らんと要《ほっ》せば火裏《かり》に看《み》よ。

頌《じゅ》に曰く…

[七]脚を擡《もた》げて踏翻《とうほん》す香水海《こうすいかい》、
頭《こうべ》を低《た》れて俯《ふ》し視る四禅天。
[八]一箇の渾身《こんしん》著《つ》くるに処なし、
請《こ》う一句を続《つ》げ。

## ■第二十一則　雲門屎橛

[一]雲門、因僧問、「如何是仏」、[二]門云、「乾屎橛」。

無門曰…
[三]雲門可謂、家貧難弁素食、事忙不及草書。[四]動便将屎橛来、撐門拄戸。[五]仏法興衰可見。
頌曰…
[六]閃電光、撃石火。
[七]眨得眼、已蹉過。

* * *

〔第二十一則　雲門の［乾《かん》］屎橛《しけつ》〕

[一]雲門《うんもん》、僧の「如何なるか是れ仏」と問うに因《よ》って、[二]門云く、「乾屎橛《かんしけつ》」。

無門曰く…
[三]雲門謂《い》つべし、家《いえ》貧にして素食《そじき》を弁じ難《がた》く、事忙《じせわ》しゅうして草書するに及ばずと。[四]動《やや》もすれば便《すなわ》ち屎橛《しけつ》を将《も》ち来たって、門を撐《ささ》え戸《こ》を拄《ささ》う。[五]仏法の興衰《こうすい》見っつべし。

頌《じゅ》に曰く…
[六]閃電光《せんでんこう》、
撃石火《げきせっか》。
[七]眼《まなこ》を眨得《さっとく》すれば、
已《すで》に蹉過《しゃか》す。

■第二十二則　迦葉刹竿

迦[一]葉、因阿難問云、「世尊伝金襴袈裟外、別伝何物」、葉[二]喚云、「阿難」。難[三]応諾。葉[四]云、「倒却門前刹竿著」。

無門曰…

若[五]向者裏下得一転語親切、便見霊山一会儼然未散。其[六]或未然、毘婆尸仏早留心、直至而今不得妙。

頌曰…

問[七]処何如答処親、幾人於此眼生筋。
兄[八]呼弟応揚家醜、不属陰陽別是春。

＊　　＊　　＊

〔第二十二則　迦葉《かしよう》の刹竿《せつかん》〕

[一]迦葉《かしよう》、阿難《あなん》の問うて、「世尊、金襴《きんらん》の袈裟《けさ》を伝うる外、別に何物をか伝うる」と云《い》うに因《よ》って、[二]葉《しよう》、喚《よ》んで云く、「阿難」。[三]難、応諾《おうだく》す。[四]葉云く、「門前の刹竿《せつかん》を倒却著《とうきやくせよ》」。

無門曰く…

[五]若《も》し者裏《しやり》に向《お》いて一転語を下だし得て親切ならば、便《すなわ》ち霊山《りようぜん》の一会《いちえ》儼然《げんぜん》として未だ散ぜざることと見ん。[六]其《そ》れ或いは未だ然らずんば、毘婆尸仏《びばしぶつ》早くより心を留むるも、直《じき》に而今《いま》に至るまで妙を得ず。

頌《じゅ》に曰く…
[七]問処は答処《たっしょ》の親しきに何如《いかん》、
幾人か此《ここ》に於いて眼《まなこ》に筋《きん》を生ず。
[八]兄《ひん》呼び弟《てい》応じて家醜を揚ぐ、
陰陽に属せず別に是れ春。

■第二十三則　不思善悪

[一]六祖、因明上座趁至大庾嶺、[二]祖見明至、即擲衣鉢於石上云、「[三]此衣表信、可力争耶。[四]任君将去」。[五]明遂挙之、如山不動、踟蹰悚慄。[六]明曰、「我来求法、非為衣也。[七]願行者開示」。[八]祖云、「不思善、不思悪、正与麼時、那箇是明上座本来面目」。[九]明当下大悟、遍体汗流。[一〇]泣涙作礼問曰、「[一一]上来密語密意外、還更有意旨否」。[一二]祖曰、「我今為汝説者、即非密也。[一三]汝若返照自己面目、密却在汝辺」。[一四]明云、「某甲雖在黄梅随衆、実未省自己面目。[一五]今蒙指授入処、如人飲水、冷暖自知。[一六]今行者即是某甲師也」。[一七]祖云、「汝若如是、則吾与汝同師黄梅。[一八]善自護持」。

無門曰…

[一九]六祖可謂、是事出急家、老婆心切。[二〇]譬如新茘支、剝了殻去了核、送在你口裏、只要你嚥一嚥。

頌曰…

[二二]描不成兮画不就、賛不及兮休生受。
[二三]本来面目没処蔵、世界壊時渠不朽。

＊　＊　＊

〔第二十三則　善悪を思わず〕

[一]六祖、明《みょう》上座の趁《お》うて大庾嶺《だいゆれい》に至るに因《よ》って、祖、[二]明の至るを見て、即ち衣鉢《えはつ》を石上に擲《なげう》って云く、「[三]此《こ》の衣《え》は信を表わす、力もて争うべけんや。[四]君が将《も》ち去るに任《まか》す」。[五]明、遂《つい》に之《こ》れを挙ぐるに、山の如くにして動かず。踟蹰悚慄《ちちゅうしょうりつ》す。[六]明曰く、「我れは来《きた》って法を求む、衣の為にするに非ず。[七]願わくは行者《あんじゃ》開示したまえ」。[八]祖云く、「不思善、不思悪、正与麼《しょうよも》の時、那箇《なこ》か是れ明上座が本来の面目」。[九]明、当下《とうげ》に大悟《だいご》し、遍体汗《あせ》流る。[一〇]泣涙作礼《きゅうるいさらい》して、問うて曰く、「[一一]上来《じょうらい》の密語密意の外、還《ま》た更に意旨《いし》あり否《や》」。[一二]祖曰く、「我れ今《いま》汝が為に説く者は、即ち密に非ず。[一三]汝若《も》し自己の面目を返照せば、密は却って汝が辺に在らん」。[一四]明云く、「某甲《それがし》、黄梅《おうばい》に在って衆《しゅ》に随うと雖《いえど》も、実に未だ自己の面目を省《せい》せず。[一五]今入処《にっしょ》を指授《しじゅ》することを蒙《こうむ》って、人の水を飲んで冷暖自知するが如し。[一六]今行者《あんじゃ》は即ち是れ某甲《それがし》の師なり」。[一七]祖云く、「汝若《も》し是《か》くの如くんば、則ち吾れ汝と同《とも》に黄梅を師とせん。[一八]善く自《みずか》ら護持せよ」。

無門曰く…

[一九]六祖謂《いっ》つべし、是《こ》の事《じ》は急家《きゅうけ》より出《い》で、老婆心切なりと。[二〇]譬《たと》えば新茘支《れいし》の殻《こく》を剝《は》ぎ了《お》わり、核《かく》を去り了わって、你《なんじ》が口裏《くり》に送在して、只だ你が嚥一嚥《えんいちえん》せんことを要するが如し。

頌《じゅ》に曰く…

[二]描《えが》けども成《な》らず　画《えが》けども就《な》らず、
賛するも及ばず　生受《さんじゅ》することを休《や》めよ。
[三]本来の面目　蔵《かく》すに処没《な》し、
世界壊《え》する時も渠《か》れ朽ちず。

## ■第二十四則　離却語言

[一]風穴和尚、因僧問、「語黙渉離微、如何通不犯」、[二]穴云、「長憶江南三月裏、鷓鴣啼処百花香」。

無門曰…

[三]風穴機如掣電、得路便行。[四]争奈坐前人舌頭不断。[五]若向者裏見得親切、自有出身之路。[六]且離却語言三昧、道将一句来。

頌曰…

[七]不露風骨句、未語先分付。
[八]進歩口喃喃、知君大罔措。

＊　＊　＊

〔第二十四則　語言を離却す〕

[一]風穴《ふけつ》和尚、僧の「語黙、離微《りび》に渉《わた》り、如何《いか》にせば通じて不犯《ふぼん》なる」と問うに因《よ》って、穴云[二]く、「長《とこしな》えに憶《おも》う江南三月の裏《うち》、鷓鴣《しゃこ》啼《な》く処百花香《かんば》し」。

無門曰く……

[三]風穴、機、掣電《せいでん》の如く、路を得て便ち行く。[四]争奈《いかん》せん前人の舌頭を坐して不断なることを。[五]若《も》し者裏《しゃり》に向《お》いて見得して親切ならば、自《おのず》ら出身の路あらん。[六]且《しばら》く語言三昧《ごごんざんまい》を離却して、一句を道《い》い将《も》ち来《き》たれ。

頌《じゅ》に曰く……

[七]風骨の句を露《あら》わさず、
未だ語らざるに先ず分付《ぶんぷ》す。
[八]歩を進めて口喃喃《くちなんなん》ならば、
知んぬ君が大いに措《お》くこと罔《な》きことを。

## ■第二十五則　三座説法

[一]仰山和尚、夢見往弥勒所、安第三座。有一尊者、[二]白槌云、「今日当第三座説法」。[三]山乃起白槌云、「摩訶衍法、離四句絶百非。[四]諦聴諦聴」。

無門曰……

[五]且道、是説法不説法。[六]開口即失、閉口又喪。[七]不開不閉、十万八千。

頌曰…

[八]白日青天、夢中説夢。

[九]捏怪捏怪、誑謼一衆。

＊　　＊　　＊

〔第二十五則　〔第〕三座《ぞ》の説法〕

[一]仰山《ぎょうざん》和尚、夢に弥勒《みろく》の所に往《ゆ》いて第三座《ぞ》に安ぜらるるを見る。[二]一尊者あり、白槌《びゃくつい》して云く、「今日第三座《ぞ》の説法に当たる」。山[三]乃《すなわ》ち起《た》って白槌して云く、「摩訶衍《まかえん》の法は、四句を離れ百非を絶す。[四]諦聴《たいちょう》、諦聴」。

無門曰く…

[五]且《しばら》く道《い》え、是れ説法するか、説法せざるか。[六]口を開けば即ち失し、口を閉ずれば又た喪《そう》す。[七]開かず閉じざるも、十万八千。

頌《じゅ》に曰く…

[八]白日青天、
夢中に夢を説く。
[九]捏怪《ねつかい》捏怪、
一衆を誑謼《おうこ》す。

## ■第二十六則　二僧巻簾

[一]清涼大法眼、因僧斎前上参、眼以手指簾。時[二]有二僧、同去巻簾。眼[三]曰、「一得一失」。

無門曰…

[四]且道、是誰得誰失。若[五]向者裏著得一隻眼、便知清涼国師敗闕処。[六]然雖如是、切忌向得失裏商量。

頌曰…

[七]巻起明明徹太空、太空猶未合吾宗。
[八]争似従空都放下、綿綿密密不通風。

＊　＊　＊

〔第二十六則　二僧の巻簾《けんれん》〕

[一]清涼《しょうりょう》の大法眼《だいほうげん》、僧の斎前《さいぜん》に上参するに因《よ》って、眼、手を以って簾《すだれ》を指す。[二]時に二僧あり、同じく去って簾を巻く。[三]眼曰く、「一得一失」。

無門曰く…

[四]且《しばら》く道《い》え、是れ誰れか得、誰れか失。[五]若《も》し者裏《しゃり》に向《お》いて一隻眼《いっせきげん》を著《つ》け得ば、便《すなわ》ち清涼国師敗闕《はいけつ》の処を知らん。[六]是《か》くの如くなりと然雖《いえど》も、切に忌《い》む得失裏《り》に向かって商量することを。

頌《じゅ》に曰く…

[七]巻起すれば明明として太空《たいくう》に徹す、
太空すら猶《な》お未だ吾が宗に合《かな》わず。
[八]争《いか》でか似《し》かん空《くう》より都《す》べて放下《ほうげ》して、
綿綿密密　風を通ぜざらんには。

## ■第二十七則　不是心仏

[一]南泉和尚、因僧問云、「還有不与人説底法麼」、[二]泉云、「有」。[三]僧云、「如何是不与人説底法」。[四]泉云、「不是心、不是仏、不是物」。

無門曰…

[五]南泉被者一問、直得揣尽家私、郎当不少。

頌曰…

[六]叮嚀損君徳、無言真有功。
[七]任従滄海変、終不為君通。

＊　＊　＊

〔第二十七則　心・仏にあらず〕

[一]南泉《なんせん》和尚、僧の問うて、「還《ま》た人の与《ため》に説かざる底《てい》の法ありや」と云《い》うに因《よ》って、[二]泉云く、「あり」。[三]僧云く、「如何《いか》なるか是れ人の与《ため》に説かざる底《てい》の法」。[四]泉云く、「不是《ふぜ》心《しん》、不是仏《ぶつ》、

不是物《もつ》」。

　無門曰く……

[五]南泉、者《こ》の一問を被《こうむ》って、直《じき》に得たり家私を揣《し》尽《じん》し、郎当《ろうとう》少なからざることを。

　頌《じゅ》に曰く……

[六]叮嚀《ていねい》は君の徳を損《そん》す、
無言真《まこと》に功あり。
[七]任従《たと》い滄海は変ずるとも、
終《つい》に君が為に通ぜじ。

■第二十八則　久響龍潭

[一]龍潭、因徳山請益抵夜、[二]潭云、「夜深。子何不下去」。[三]山遂珍重、掲簾而出。[四]見外面黒、却回云、「[五]外面黒」。[六]潭乃点紙燭度与。[七]山擬接、[八]潭便吹滅。[九]山於此忽然有省、便作礼。[一〇]潭云、「子見箇甚麼道理」。[一一]山云、「某甲従今日去、不疑天下老和尚舌頭也」。[一二]至明日、龍潭陞堂云、「[一三]可中有箇漢、牙如剣樹、口似血盆、一棒打不回頭、他時異日、向孤峰頂上立吾道在」。[一四]山遂取疏抄、於法堂前将一炬火提起云、「[一五]窮諸玄弁、若一毫致於太虚。[一六]竭世枢機、似一滴投於巨壑」。[一七]将疏抄便焼、於是礼辞。

　無門曰……

[一八]徳山未出関時、心憤憤口悱悱、得得来南方、要滅却教外別伝之旨。[一九]及到澧州路上、問婆子買点心。[二〇]婆云、「大徳、車子内是甚麼文字」。[二一]山云、「金剛経抄疏」。[二二]婆云、「只如経中道、過去心不可得、現在心不可得、未来心不可得。[二三]大徳要点那箇心」。[二四]徳山被者一問、直得口似匾担。[二五]然雖如是、未肯向婆子句下死却。[二六]遂問婆子、「近処有甚麼宗師」。[二七]婆云、「五里外有龍潭和尚」。[二八]及到龍潭、納尽敗闕、[二九]可謂是前言不応後語。[三〇]龍潭大似憐児不覚醜、見他有些子火種、郎忙将悪水驀頭一澆澆殺。[三一]冷地看来、一場好笑。

頌曰…

[三二]聞名不如見面、見面不如聞名。
[三三]雖然救得鼻孔、争奈瞎却眼睛。

* * *

〔第二十八則　久しく龍潭《りようたん》を嚮《しと》う〕

[一]龍潭《りようたん》、徳山の請益《しんえき》して夜に抵《いた》るに因《よ》って、[二]潭云く、「夜深《ふ》けぬ。子《おんみ》何ぞ下《く》だり去らざる」。[三]山遂《つい》に珍重《ちんちょう》して簾《すだれ》を掲《かか》げて出《い》ず。[四]外面《げめん》の黒きを見て、却回《きゃうい》して云く、[五]「外面黒し」。[六]潭乃《すなわ》ち紙《し》燭《しょく》を点じて度与《どよ》す。[七]山、接せんと擬《ほっ》す。[八]潭、便《すなわ》ち吹滅《すいめつ》す。[九]山、此《こ》こに於いて忽然《こつねん》として省《せい》あり、便《すなわ》ち作礼《さらい》す。[一〇]潭云く、「子《おんみ》、箇《こ》の甚麼《なん》の道理をか見たる」。[一一]山云く、「某甲《それがし》、今日より去って天下の老和尚の舌頭を疑わず」。

[一二]明日に至って龍潭陞堂《しんどう》して云く、[一三]「可中《もし》箇《こ》の漢あり、牙《げ》は剣樹の如く、口は血盆《けつぼん》に似て、

一棒に打てども頭《こうべ》を回《めぐ》らさざれば、他時異日、孤峰頂上に向《お》いて吾が道を立せん在《ぞ》」。[一四]山、遂《つい》に疏抄《そしょう》を取って、法堂《はっとう》前に於いて一炬火《いっこか》を将《も》って提起して云く、[一五]「諸《もろもろ》の玄弁《げんべん》を窮《きわ》むるも、一毫《いちごう》を太虚《たいこ》に致《お》くが若《ごと》し。[一六]世の枢機《すうき》を竭《つく》すも、一滴を巨壑《こがく》に投ずるに似たり」。[一七]疏抄を将《も》って便《すなわ》ち焼き、是《こ》こに於いて礼辞《らいじ》す。

無門曰く……

[一八]徳山未だ関を出でざる時、心憤憤《ふんぷん》、口悱悱《ひひ》たり。得得として南方に来《き》たり、教外別伝《きょうげべつでん》の旨《むね》を滅却せんと要《ほっ》す。[一九]澧《れい》州の路上に到るに及んで、婆子《ばす》に問うて点心《てんじん》を買わんとす。[二〇]婆云く、「大徳、車子《しゃし》の内、是れ甚麼《なん》の文字ぞ」。[二一]山云く、「金剛経の抄疏《しょうそ》」。[二二]婆云く、「只如《たとえ》ば経中に道《い》う、『過去心不可得《ふかとく》、現在心不可得、未来心不可得』と。[二三]大徳、那箇《なこ》の心をか点ぜんと要《ほっ》する」。[二四]徳山、者《こ》の一問を被《こうむ》って、直《じき》に得たり口匾担《くちへんだん》に似たることを。[二五]是《か》くの如くなりと然雖《いえど》も、未だ肯《あえ》て婆子の句下に向《お》いて死却せず。[二六]遂に婆子に問う、「近処に甚麼《なん》の宗師《しゅうし》かある」。[二七]婆云く「五里の外に龍潭《りょうたん》和尚あり」。[二八]龍潭に到るに及んで敗闕《はいけつ》を納《い》れ尽す。[二九]謂《いっ》つべし、是れ前言後語《ぜんげんこうご》に応ぜずと。[三〇]龍潭大いに児《じ》を憐んで醜きを覚えざるに似たり。他《か》れに些子《しゃし》の火種あるを見て、郎忙《ろうぼう》して悪水《おすい》を将《も》って驀頭《まくとう》に一澆《いちぎょう》に澆殺《ぎょうさい》す。[三一]冷地に看来《みきた》らば一場の好笑なり。

頌《じゅ》に曰く……

[三二]名を聞かんよりは面《おもて》を見んに如《し》かじ、

面を見んよりは名を聞かんに如かじ。
[三三]鼻孔《びくう》を救い得たりと雖然《いえど》も、
争奈《いかん》せん眼睛《がんぜい》を瞎却《かっきゃく》することを。

## [一]■第二十九則　非風非幡

六祖、因風颺刹幡、有二僧対論、[二]一云、「幡動」、一云、「風動」、往復曾未契理、[三]祖云、「不是風動、不是幡動。[四]仁者心動」。[五]二僧悚然。

無門曰：

[六]不是風動、不是幡動、不是心動。[七]甚処見祖師。[八]若向者裏見得親切、方知二僧買鉄得金。[九]祖師忍俊不禁、一場漏逗。

頌曰：

[一〇]風幡心動、一状領過。
[一一]只知開口、不覚話堕。

＊　＊　＊

[一]〔第二十九則　風に非ず幡《はた》に非ず〕

六祖、風、刹幡《せっぱん》を颺《あ》げ、二僧あり、対論して、[二]一は云く、「幡《はた》動く」、一は云く、「風動く」、往復して曾《か》つて未だ理に契《かな》わざるに因《よ》って、[三]祖云く、「是れ風の動くにあらず、是れ幡の動くにあらず。[四]仁者《にんじゃ》の心の動くのみ」。[五]二僧悚然《しょうねん》たり。

無門曰く…

[六]是《こ》れ風の動くにあらず、是れ幡《はた》の動くにあらず、是れ心の動くにあらず。[七]甚《なん》の処にか祖師を見ん。[八]若《も》し者裏《しゃり》に向《お》いて見得して親切ならば、方《まさ》に二僧の鉄を買って金を得ることを知らん。[九]祖師忍俊不禁《にんしゅんふきん》にして、一場の漏逗《ろうとう》なり。

頌《じゅ》に曰く…

[一〇]風幡心動、
一状に領過す。
[一一]只だ口を開くことを知って、
話堕《わだ》するを覚えず。

## ■第三十則　即心即仏

[一]馬祖、因大梅問、「如何是仏」。[二]祖云、「即心是仏」。

無門曰…

[三]若能直下領略得去、[四]著仏衣喫仏飯、説仏話行仏行、即是仏也。[五]然雖如是、大梅引多少人、錯認定盤星。[六]争知道説箇仏字三日漱口。[七]若是箇漢、見説即心是仏、掩耳便走。

頌曰…

[八]青天白日、切忌尋覓。
[九]更問如何、抱贓叫屈。

＊　＊　＊

〔第三十則　即心即仏〕

[一]馬祖《ばそ》、大梅《だいばい》の「如何なるか是れ仏」と問うに因《よ》って、[二]祖云く、「即心是《ぜ》仏」。

無門曰く…

[三]若《も》し能《よ》く直下《じきげ》に領略《りょうりゃく》し得し去らば、[四]仏衣を著け仏飯を喫し、仏話を説き仏行《ぶつぎょう》を行ずる、即ち是れ仏なり。[五]是《か》くの如くなりと然雖《いえど》も、大梅多少の人を引いて、錯《あやま》って定盤星《じょうばんじょう》を認めしむ。[六]争《いか》でか知道《し》らん、箇の仏の字を説けば、三日口を漱《そそ》ぐことを。[七]若《も》し是れ箇《こ》の漢ならば、即心是仏と説くを見るや、耳を掩《おお》うて便《すなわ》ち走らん。

頌《じゅ》に曰く…

[八]青天白日、
切に忌《い》む尋覓《じんみゃく》することを。
[九]更に如何と問わば、
贓《ぞう》を抱いて屈《くつ》と叫ばん。

## ■第三十一則　趙州勘婆

趙州、因僧問婆子、「台山路向甚処去」、婆云、「驀直去」、僧纔行三五歩、婆云、「好箇師僧、又恁麼去」、後有僧挙似州、州云、「待我去与你勘過這婆子」。明日便去、亦如是問、婆亦如是答。州帰謂衆曰、「台山婆子、我与你勘破了也」。

無門曰…

婆子只解坐籌帷幄、要且著賊不知。趙州老人、善用偸営劫塞之機、又且無大人相。検点将来、二倶有過。且道、那裏是趙州勘破婆子処。

頌曰…

問既一般、答亦相似。
飯裏有砂、泥中有刺。

＊　＊　＊

〔第三十一則　趙州《じょうしゅう》の勘婆《かんば》〕

趙州、僧の婆子《ばす》に問う、「台山《たいざん》の路、甚《なん》の処に向かってか去る」、婆云く、「驀直去《まくじきこ》」、僧の纔《わず》かに行くこと三五歩するや、婆云く、「好箇《こうこ》の師僧、又た恁麼《いんも》に去る」。後に僧あり州に挙《こ》似《じ》するに因《よ》って、州云く、「待《まさ》に我れ去《ゆ》いて你《なんじ》が与《ため》に這《こ》の婆子を勘過《かんか》せん」。明日便《すなわ》ち去りて亦《ま》た是《か》くの如く問う。婆も亦た是くの如く答う。州帰って衆に謂《い》って曰く、「台山の婆子、我れ你が与《ため》に勘破《かんぱ》し了《お》われり」。

無門曰く…

[九]婆子は只《た》だ坐《い》ながらに帷幄《いあく》に籌《はか》ることを解《え》て、要且《ようか》つ賊に著《つ》くことを知らず。[一〇]趙州老人は善く営を偸《ぬす》み塞《さい》を劫《おびや》かすの機を用ゆるも、又た且つ大人の相なし。[一一]検点し将《も》ち来たれば、二《ふた》り倶《とも》に過《とが》あり。[一二]且《しばら》く道《い》え、那裏《なり》か是れ趙州の婆子を勘破する処ぞ。

　頌《じゅ》に曰く……

[一三]問い既に一般なれば、
答えも亦た相似たり。
[一四]飯裏《はんり》に砂《いさご》あり、
泥中に刺《いばら》あり。

## ■第三十二則　外道問仏

[一]世尊、因外道問、「不問有言、不問無言」。[二]世尊拠座。[三]外道賛歎云、「世尊大慈大悲、開我迷雲、令我得入」。[四]乃具礼而去。[五]阿難尋問仏、「外道有何所証、賛歎而去」。[六]世尊云、「如世良馬、見鞭影而行」。

　無門曰……

[七]阿難乃仏弟子、宛不如外道見解。[八]且道、外道与仏弟子、相去多少。

　頌曰……

[九]剣刃上行、氷稜上走。

一〇不渉階梯、懸崖撒手。

＊　＊　＊

〔第三十二則　外道《げどう》　仏に問う〕

一世尊、外道の「有言《うごん》を問わず、無言を問わず」と問うに因《よ》って、二世尊拠座《こざ》す。三外道賛歎《さんだん》して云く、「世尊は大慈大悲《だいじだいひ》にして、我が迷雲を開き、我をして得入《とくにゅう》せしめたもう」。四乃《すなわ》ち礼を具して去る。五阿難尋《つ》いで仏に問う、「外道は何の所証あってか賛歎して去る」。六世尊云く、「世の良馬《りょうめ》の鞭影《べんえい》を見て行くが如し」。

無門曰く……

七阿難は乃《すなわ》ち仏弟子、宛《あた》かも外道の見解《けんげ》に如《し》かず。八且《しばら》く道《い》え、外道と仏弟子と相去ること多少ぞ。

頌《じゅ》に曰く……

九剣刃《けんにん》上に行き、
氷稜《ひょうりょう》上に走る。
一〇階梯《かいてい》に渉《わた》らず、
懸崖に手を撒《はな》す。

■第三十三則　非心非仏

[一]馬祖、因僧問、「如何是仏」。[二]祖曰、「非心非仏」。

無門曰…

[三]若向者裏見得、参学事畢。

頌曰…

[四]路逢剣客須呈、不遇詩人莫献。
[五]逢人且説三分、未可全施一片。

＊　＊　＊

〔第三十三則　心に非ず仏に非ず〕

[一]馬祖《ばそ》、僧の「如何なるか是れ仏」と問うに因《よ》って、[二]祖曰く、「非心非仏」。

無門曰く…

[三]若《も》し者裏《しやり》に向《お》いて見得せば、参学の事《じ》畢《おわ》んぬ。

頌《じゅ》に曰く…

[四]路に剣客に逢わば須《すべか》らく呈すべし、
詩人に遇わずんば献ずること莫《な》かれ。
[五]人に逢うては且《しばら》く三分《さんぶ》を説け、
未だ全く一片を施《ほどこ》すべからず。

## ■第三十四則　智不是道

[一]南泉云、「心不是仏、智不是道」。

無門曰…

[二]南泉可謂、老不識羞。[三]纔開臭口、家醜外揚。[四]然雖如是、知恩者少。

頌曰…

[五]天晴日頭出、雨下地上湿。
[六]尽情都説了、只恐信不及。

＊　　＊　　＊

〔第三十四則　智は是れ道にあらず〕

[一]南泉云く、「心は是れ仏にあらず、智は是れ道にあらず」。

無門曰く…

[二]南泉は謂《いっ》つべし、老いて羞《はじ》を識らずと。[三]纔《わず》かに臭口《しゅうく》を開くや、家醜《かしゅう》外に揚《あ》がる。[四]是《か》くの如くなりと然雖《いえど》も、恩を知る者は少し。

頌《じゅ》に曰く…

[五]天晴れて日頭出《い》で、
雨下《ふ》って地上湿《うるお》う。

情[六]を尽して都《す》べて説き了《お》わる、
只《た》だ恐らく信不及《しんふぎゅう》なることを。

## ■第三十五則　倩女離魂

[一]五祖、問僧云、「倩女離魂、那箇是真底」。
　無門曰：
[二]若向者裏悟得真底、便知出殼入殼、如宿旅舎。[三]其或未然、切莫乱走。[四]驀然地水火風一散、如落湯螃蟹、七手八脚。[五]那時莫言不道。
　頌曰：
[六]雲月是同、渓山各異。
[七]万福万福、是一是二。

＊　＊　＊

〔第三十五則　倩女《せんじょ》の離魂〕
[一]五祖、僧に問うて云く、「倩女離《せんじょり》魂《こん》、那箇《なこ》か是れ真底」。
　無門曰く：
[二]若《も》し者裏《しゃり》に向《お》いて真底を悟り得ば、便ち知らん、殼《かく》を出でて殼に入ること、旅舎に宿するが如くなるを。[三]其《そ》れ或いは未だ然らずんば、切に乱走すること莫《な》かれ。[四]驀然《まくねん》として地水

火風一散せば、湯に落つる螃蟹《ぼうかい》の七手八脚なるが如くならん。五那時《なじ》言うこと莫かれ、道《い》わずと。

頌《じゅ》に曰く……

六雲月是れ同じ、
渓山各《おのおの》異《こと》なり。
七万福《ばんぷく》万福、
是れ一か是れ二か。

## ■第三十六則　路逢達道

一五祖曰、「路逢達道人、不将語黙対。二且道、将甚麼対」。

無門曰……

三若向者裏対得親切、不妨慶快。四其或未然、也須一切処著眼。

頌曰……

五路逢達道人、不将語黙対。
六攔腮劈面拳、直下会便会。

＊　＊　＊

〔第三十六則　路で達道［の人］に逢う〕

[一]五祖曰く、「『路に達道《たつどう》の人に逢わば、語黙を将《も》って対せず』と。[二]且《しばら》く道《い》え、甚麼《なに》を将《も》ってか対せん」。

　無門曰く…

[三]若《も》し者裏《しゃり》に向《お》いて対得して親切ならば、妨げず慶快《けいかい》なることを。[四]其《そ》れ或いは未だ然らずんば、也《ま》た須《すべか》らく一切処に眼《まなこ》を著くべし。

　頌《じゅ》に曰く…

[五]路に達道の人に逢わば、
語黙を将《も》って対せず。
[六]攔腮劈面《らんさいへきめん》に拳《けん》す、
直下《じきげ》に会《え》せば便《すなわ》ち会せん。

## ■第三十七則　庭前柏樹

[一]趙州、因僧問、「如何是祖師西来意」、[二]州云、「庭前柏樹子」。

　無門曰…

[三]若向趙州答処見得親切、前無釈迦、後無弥勒。

　頌曰…

[四]言無展事、語不投機。

[五]承言者喪、滞句者迷。

＊　＊　＊

〔第三十七則　庭前の柏樹〕

[一]趙州《じょうしゅう》、僧の「如何なるか是れ祖師西来《せいらい》の意」と問うに因《よ》って、[二]州云く、「庭前の柏樹子《はくじゅし》」。

無門曰く…

[三]若《も》し趙州の答処に向《お》いて見得して親切ならば、前に釈迦なく、後《しりえ》に弥勒《みろく》なけん。

頌《じゅ》に曰く…

[四]言　事《じ》を展《の》ぶることなく、
語　機に投ぜず。
[五]言を承《う》くる者は喪《そう》し、
句に滞《とどこお》る者は迷う。

■第三十八則　牛過窓櫺

[一]五祖曰、「譬如水牯牛過窓櫺、頭角四蹄都過了、因甚麼尾巴過不得」。

無門曰…

[二]若向者裏顚倒著得一隻眼、下得一転語、可以上報四恩、下資三有。[三]其或未然、更須照顧尾巴始得。

頌曰…

四過去堕坑塹、回来却被壊。

五者些尾巴子、直是甚奇怪。

＊　＊　＊

〔第三十八則　牛、窓櫺《そうれい》を過ぐ〕

一五祖曰く、「譬《たと》えば水牯牛《すいこぎゅう》の窓櫺を過ぐるが如き、頭角四蹄《ずかくしてい》都べて過ぎ了《お》わるに、甚麼《なん》に因《よ》ってか尾巴《びは》過ぎ得ざる」。

無門曰く…

二若《も》し者裏《しゃり》に向《お》いて顚倒《てんどう》して、一隻眼《いっせきげん》を著《つ》け得《え》、一転語を下《くだ》し得ば、以《も》って上《かみ》四恩に報じ、下三有《しもさんぬ》を資《たす》くべし。三其《そ》れ或いは未だ然らずんば、更に須《すべか》らく尾巴《びは》を照顧《しょうこ》すべくして始めて得《よ》し。

頌《じゅ》に曰く…

四過ぎ去れば坑塹《こうざん》に堕《お》ち、

回《かえ》り来《き》たれば却って壊《やぶ》らる。

五者些《しゃしゃ》の尾巴子《びはす》、

直《た》だ是れ甚《はなは》だ奇怪《きっかい》なり。

## ■第三十九則　雲門話堕

[一]雲門、因僧問、「光明寂照遍河沙」、[二]一句未絶、門遽曰、「豈不是張拙秀才語」。[三]僧云、「是」。[四]門云、「話堕也」。
[五]後来死心拈云、「且道、那裏是者僧話堕処」。

無門曰…

[六]若向者裏見得雲門用処孤危、者僧因甚話堕、堪与人天為師。[七]若也未明、自救不了。

頌曰…

[八]急流垂釣、貪餌者著。
[九]口縫纔開、性命喪却。

＊　＊　＊

〔第三十九則　雲門の話堕《わだ》〕

[一]雲門《うんもん》、僧の「光明寂照遍河沙《こうみょうじゃくしょうへんがしゃ》」と問うに因《よ》って、[二]一句未だ絶せざるに、門遽《にわ》かに曰く、[あ]「豈に是れ張拙秀才《ちょうせつしゅうさい》の語にあらずや」。[三]僧云く、「是《ぜ》なり」。[四]門云く、「話堕《わだ》せり」。
[五]後来《こうらい》、死心拈《ねん》じて云く、「且《しばら》く道《い》え、那裏《なり》か是れ者《こ》の僧の話堕の処ぞ」。

無門曰く…

[六]若《も》し者裏《しゃり》に向《お》いて雲門の用処《ゆうじょ》の孤危《こき》なると、者《こ》の僧の甚《なに》に因《よ》ってか話堕するを見得せば、人天《にんでん》の与《ため》に師と為《な》るに堪えん。[七]若也《もし》未だ明らめずんば、自救不了《じぐふりょう》。

頌《じゅ》に曰く…
[八]急流に釣《つり》を垂る、
餌を貪《むさぼ》る者は著《つ》く。
[九]口縫《こうぼう》纔《わず》かに開くや、
性命《しょうみょう》喪却《そうきゃく》せん。

■第四十則　趯倒浄瓶

[一]潙山和尚、始在百丈会中充典座。[二]百丈将選大潙主人。[三]乃請同首座対衆下語、「出格者可往」。[四]百丈遂拈浄瓶、置地上設問云、[五]「不得喚作浄瓶。[六]汝喚作甚麼」。[七]首座乃云、「不可喚作木楔也」。[八]百丈却問於山。[九]山乃趯倒浄瓶而去。[一〇]百丈笑云、「第一座輸却山子也」。[一一]因命之為開山。

無門曰…
[一二]潙山一期之勇、争奈跳百丈圏圚不出、[一三]検点将来、便重不便軽。[一四]何故、聻。[一五]脱得盤頭、担起鉄枷。

頌曰…
[一六]颺下笊籬并木杓、当陽一突絶周遮。
[一七]百丈重関攔不住、脚尖趯出仏如麻。

＊　＊　＊

〔第四十則　浄瓶《じんびん》を趯倒《けたお》す〕

[一]潙山《いさん》和尚、始め百丈《ひやくじよう》の会中《えちゆう》に在って典座《てんぞ》に充《あ》たる。[二]百丈将《まさ》に大潙《だいい》の主人を選ばんとす。[三]乃《すなわ》ち請《しよう》じて首座《しゆそ》と同《とも》に衆《しゆ》に対して下語《あぎよ》せしむ、「出格《しゆつかく》の者往く可《べ》し」と。[四]百丈遂《つい》に浄瓶を拈《と》って、地上に置いて問を設けて云く、「[五]喚《よ》んで浄瓶と作《な》すことを得ず。[六]汝喚んで甚麼《なん》とか作さん」。[七]首座乃《すなわ》ち云く、「喚んで木楔《ぼくとつ》と作すべからず」。[八]百丈却って山に問う。[九]山乃ち浄瓶を趯倒《てきとう》して去る。[一〇]百丈笑って云く、「第一座《ぞ》、山子《さんす》に輸却《ゆきやく》せらる」。[一一]因《よ》って、之れに命じて開山と為《な》らしむ。

無門曰く……
[一二]潙山一期《いちご》の勇、争奈《いかん》せん百丈の圏圚《けんき》を跳《おど》り出でざることを。[一三]検点《けんてん》し将《も》ち来《き》たれば、重きに便《たよ》りして軽きに便りせず。[一四]何が故ぞ、聻《にい》。[一五]盤頭《ばんず》を脱得して、鉄枷《てつか》を担起《たんき》す。

頌《じゆ》に曰く……
[一六]笊籬《そうり》并《なら》びに木杓《もくしやく》を颺下《ようげ》して、
当陽《とうよう》の一突周遮《しゆうしや》を絶す。
[一七]百丈の重関も攔《さえぎ》り住《とど》めず、
脚尖《きやくせん》　趯出《てきしゆつ》して　仏　麻《あさ》の如し。

## ■第四十一則　達磨安心

[一]達磨面壁。[二]二祖立雪断臂云、「[三]弟子心未安、乞師安心」。[四]磨云、「将心来、為汝安」。[五]祖云、「覓心了不可得」。[六]磨云、「為汝安心竟」。

　無門曰…

[七]欠歯老胡、十万里航海、特特而来。[八]可謂是無風起浪。[九]末後接得一箇門人、又却六根不具。[一〇]咦、謝三郎不識四字。

　頌曰…

[二]西来直指、事因嘱起。[三]撓聒叢林、元来是你。

＊　　＊　　＊

〔第四十一則　達磨の安心《あんじん》〕

[一]達磨面壁《めんぺき》す。[二]二祖雪に立って、臂《ひじ》を断《き》って云く、「[三]弟子《ていし》、心未だ安からず、乞う師安心せしめよ」。[四]磨云く、「心を将《も》ち来たれ、汝が為に安んぜん」。[五]祖云く、「心を覓《もと》むるに了《つい》に不可得なり」。[六]磨云く、「汝が為に安心せしめ竟《お》わんぬ」。

　無門曰く…

[七]欠歯《けつし》の老胡《ろうこ》、十万里海《うみ》を航して特特《とくとく》として来たる。[八]謂《い》つべし、是れ風なしに浪《なみ》を起こすと。[九]末後に一箇の門人を接得《せっとく》して、又た却って六根不具。[一〇]咦《いい》、謝三郎《しゃさんろう》四字を識らず。

頌《じゅ》に曰く…
[一一]西来《せいらい》して直指《じきし》す、
事《じ》は嘱するに因《よ》って起こる。
[一二]叢林《そうりん》を撓聒《にょうかつ》するは、
元来是れ你《なんじ》。

## ■第四十二則　女子出定

[一]世尊、昔因文殊至諸仏集処、値諸仏各還本処、[二]惟有一女人、近彼仏坐、入於三昧、[三]文殊乃白仏、「云何女人得近仏坐、而我不得」、[四]仏告文殊、「汝但覚此女、令従三昧起、汝自問之」、[五]文殊遶女人三匝、鳴指一下、乃托至梵天、尽其神力而不能出、[六]世尊云、「仮使百千文殊、亦出此女人定不得。[七]下方過一十二億河沙国土、有罔明菩薩、能出此女人定」。[八]須臾罔明大士、従地湧出、礼拝世尊。[九]世尊勅罔明。[一〇]却至女人前、鳴指一下。[一一]女人於是従定而出。

無門曰…
[一二]釈迦老子、做者一場雑劇、不通小小。[一三]且道、文殊是七仏之師、因甚出女人定不得。[一四]罔明初地菩薩、為甚却出得。[一五]若向者裏見得親切、業識忙忙、那伽大定。

頌曰…
[一六]出得出不得、渠儂得自由。

[一七]神頭并鬼面、敗闕当風流。

＊　＊　＊

〔第四十二則　女子の出定《しゅつじょう》〕

[一]世尊《せそん》、昔、文殊《もんじゅ》の諸仏の集まる処に至って、諸仏 各《おのおの》本処に還《かえ》るに値《あ》う。惟だ[二]一《ひと》りの女人《にょにん》あって、彼《か》の仏坐に近づいて三昧《ざんまい》に入る、[三]文殊乃ち仏に白《もう》さく、「云何《いかん》ぞ女人は仏坐に近づくを得て、我は得ざる」。[四]仏、文殊に告ぐ、「汝《なんじ》但《ただ》此《こ》の女を覚《さま》して三昧より起《た》たしめて、汝自《みずか》ら之れを問え」。[五]文殊、女人を遶《めぐ》ること三匝《そう》、指を鳴らすことを一下《いちげ》して、乃《すなわ》ち托《たく》して梵天に至って、其《そ》の神力《じんりき》を尽すも出《い》だすこと能《あた》わざるに因《よ》って、[六]世尊云く、「仮使《たと》い百千の文殊も、亦《ま》た此の女人の定《じょう》を出だし得ず。[七]下方一十二億河沙《がしゃ》の国土を過ぎて、罔明《もうみょう》菩薩あり、能《よ》く此の女人の定を出ださん」。[八]須臾《しゅゆ》に罔明大士、地より湧出《ゆしゅつ》して、世尊を礼拝《らいはい》す。[九]世尊、罔明に勅す。[一〇]却って女人の前に至って指鳴らすこと一下す。[一一]女人是《こ》こに於《い》いて定より出ず。

[一二]無門曰く…

釈迦老子、者《こ》の一場の雑劇《ぞうげき》を做《な》す、小小を通ぜず。[一三]且《しばら》く道《い》え、文殊は是れ七仏の師、甚《なん》に因《よ》ってか女人の定《じょう》を出だし得ざる。[一四]罔明は初地《しょじ》の菩薩、甚《なん》としてか却って出だし得たる。[一五]若《も》し者裏《しゃり》に向《お》いて見得して親切ならば、業識忙忙《ごっしきぼうぼう》として那伽大定《ながだいじょう》ならん。

[一六]頌《じゅ》に曰く…

出《い》だし得るも出だし得ざるも、

渠《か》れ・儂《わ》れ自由を得たり。
[一七]神頭《しんず》并《ならび》に鬼面、
敗闕《はいけつ》当《まさ》に風流なるべし。

## ■第四十三則　首山竹篦

[一]首山和尚、拈竹篦示衆云、「[二]汝等諸人、若喚作竹篦則触、不喚作竹篦則背。[三]汝諸人、且道、喚作甚麼」。

無門曰…

[四]喚作竹篦則触、不喚作竹篦則背。[五]不得有語、不得無語。[六]速道速道。

頌曰…

[七]拈起竹篦、行殺活令。
[八]背触交馳、仏祖乞命。

＊　＊　＊

〔第四十三則　首山《しゆざん》の竹篦《しつぺい》〕

[一]首山《しゆざん》和尚、竹篦《しつぺい》を拈《ねん》じて衆《しゆ》に示して云く、「[二]汝等諸人、若《も》し喚《よ》んで竹篦と作《な》さば則ち触《ふ》る、喚んで竹篦と作さざれば則ち背《そむ》く。[三]汝諸人、且《しばら》く道《い》え、喚んで甚麼《なん》とか作さん」。

無門曰く…

喚[四]んで竹篦と作さば則ち触《ふ》る、喚んで竹篦と作さざれば則ち背く。[五]有語《うご》なることを得ず、無語なることを得ず。速[六]かに道《い》え、速かに道え。

頌《じゅ》に曰く…

[七]竹篦《しっぺい》を拈起《ねんき》して、
殺活《せっかつ》の令を行《ぎょう》ず。
[八]背触交馳《はいそくこうち》して、
仏祖も命《めい》を乞う。

## ■第四十四則　芭蕉拄杖

[一]芭蕉和尚、示衆云、「你有拄杖子、我与你拄杖子。[二]你無拄杖子、我奪你拄杖子」。

無門曰…

[三]扶過断橋水、伴帰無月村。[四]若喚作拄杖、入地獄如箭。

頌曰…

[五]諸方深与浅、都在掌握中。
[六]撐天幷拄地、随処振宗風。

＊　＊　＊

〔第四十四則　芭蕉《ばしょう》の拄杖《しゅじょう》〕

芭[一]蕉《ばしょう》和尚、衆《しゅ》に示して云く、「你《なんじ》に拄杖子《しゅじょうす》あらば、我れ你に拄杖子を与えん。你[二]に拄杖子なくんば我れ你より拄杖子を奪わん」。

無門曰く……

扶《たす》[三]けては断橋《だんきょう》の水を過ぎ、伴《ともな》っては無月の村に帰る。若《も》[四]し喚《よ》んで拄杖と作《な》さば、地獄に入ること箭《や》の如くならん。

頌《じゅ》に曰く……

諸[五]方の深《しん》と浅《せん》と、
都《す》べて掌握《しょうあく》の中に在《あ》り。
天[六]を撑《ささ》え幷《なら》びに地を拄《ささ》えて、
随処に宗風を振う。

## ■第四十五則　他是阿誰

東[一]山演師祖曰、「釈迦・弥勒、猶是他奴。且[二]道、他是阿誰」。

無門曰……

若[三]也見得他分暁、譬如十字街頭撞見親爺相似、更[四]不須問別人、道是与不是。

頌曰……

他[五]弓莫挽、他馬莫騎。

[六]他非莫弁、他事莫知。

* * *

〔第四十五則　他《か》れは是れ阿誰《た》れぞ〕

[一]東山演《とうざんえん》の師祖《しそ》曰く、「釈迦《しやか》・弥勒《みろく》は猶《な》お是れ他《か》れの奴《ぬ》。[二]且《しばら》く道《い》え、他れは是れ阿誰《た》れぞ」。

無門曰く…

[三]若也《もし》他《か》れを見得して分暁《ふんぎよう》ならば、譬《たと》えば十字街頭に親爺《しんや》に撞見《どうけん》するが如くに相似《あいに》て、[四]更に別人に問うて、是《ぜ》と不是とを道《い》うことを須《もち》いず。

頌《じゆ》に曰く…

[五]他《た》の弓　挽《ひ》くこと莫《な》かれ、
他の馬　騎《の》ること莫かれ。
[六]他の非　弁ずること莫かれ、
他の事《じ》　知ること莫かれ。

## ■第四十六則　竿頭進歩

[一]石霜和尚云、「百尺竿頭、如何進歩」。[二]又古徳云、「百尺竿頭坐底人、雖然得入未為真。[三]百尺竿頭須進歩、十方世界現全身」。

無門曰…

[四]進得歩、翻得身、更嫌何処不称尊。[五]然雖如是、且道、百尺竿頭、如何進歩。嗄[八]。

頌曰…

[七]瞎却頂門眼、錯認定盤星。

[八]拚身能捨命、一盲引衆盲。

*　　*　　*

〔第四十六則　竿頭《かんとう》に歩を進む〕

[一]石霜《せきそう》和尚云く、「百尺竿頭に、如何《いかん》が歩を進めん」。[二]又た古徳云く、「百尺竿頭に坐する底《てい》の人、得入《とくにゅう》すと雖然《いえど》も、未だ真と為《な》さず。[三]百尺竿頭に須《すべか》らく歩を進めて、十方世界に全身を現ずべし」。

無門曰く…

[四]歩を進め得《え》、身を翻《ひるがえ》し得ば、更に何の処を嫌ってか尊《そん》と称せざらん。[五]是《か》くの如くなりと然雖《いえど》も、且《しばら》く道《い》え、百尺竿頭に如何《いかん》が歩を進めん。嗄《さ》[六]。

頌《じゅ》に曰く…

[七]頂門《ちょうもん》の眼《まなこ》を瞎却《かっきゃく》し、

錯《あやま》って定盤星《じょうばんじょう》を認む。

[八]身を拚《す》て能《よ》く命《いのち》を捨て、

一盲衆盲《いちもうしゅうもう》を引く。

## ■第四十七則　兜率三関

一兜率悦和尚、設三関問学者、「二撥草参玄、只図見性。三即今上人性在甚処。四識得自性、方脱生死。五眼光落時、作麼生脱。六脱得生死、便知去処。七四大分離、向甚処去」。

無門曰…

八若能下得此三転語、便可以随処作主、遇縁即宗。九其或未然、麁飡易飽、細嚼難飢。

頌曰…

一〇一念普観無量劫、無量劫事即如今。
一一如今覰破箇一念、覰破如今覰底人。

＊　＊　＊

〔第四十七則　兜率《とそつ》の三関〕

一兜率《とそつ》の悦《えつ》和尚、三関《さんかん》を設《もう》けて学者に問う、「二撥草参玄《はつそうさんげん》は只《た》だ見性《けんしょう》を図《はか》る。三即今上人《そっこんしょうにん》の性《しょう》、甚《なん》の処にか在《あ》る。四自性《じしょう》を識得《しきとく》すれば、方《まさ》に生死《しょうじ》を脱す。五眼光落つる時、作麼生《そもさん》か脱せん。六生死を脱得すれば、便《すなわ》ち去処《こしょ》を知る。七四大分離して、甚の処に向かってか去る」。

無門曰く…

八若《も》し能《よ》く此《こ》の三転語を下《くだ》し得ば、便ち以《も》って随処に主と作《な》り、縁に遇うて即ち宗なるべし。九其《そ》れ或いは未だ然らずんば、麁飡《そさん》は飽《あ》き易《やす》く、細嚼《さいしゃく》は飢え難《がた》し。

頌《じゅ》に曰く……
[一〇]一念普《あまね》く観《かん》ず無量劫《むりょうごう》、
無量劫の事《じ》即ち如今《にょこん》。
[一一]如今箇《こ》の一念を覰破《しょは》すれば、
如今覰《み》る底《てい》の人を覰破《しょは》す。

## ■第四十八則　乾峰一路

[一]乾峰和尚、因僧問、「十方薄伽梵、一路涅槃門。[二]未審、路頭在甚麼処」、[三]峰拈起拄杖、劃一劃云、「在者裏」。

[四]後僧請益雲門。[五]門拈起扇子云、「扇子𨁝跳、上三十三天、築著帝釈鼻孔。[六]東海鯉魚、打一棒雨似盆傾」。

無門曰……

[七]一人向深深海底行、簸土揚塵。[八]一人於高高山頂立、白浪滔天。[九]把定放行、各出一隻手、扶竪宗乗。[一〇]大似両箇馳子相撞著、世上応無直底人。[一一]正眼観来、二大老惣未識路頭在。

頌曰……

[一二]未挙歩時先已到、未動舌時先説了。
[一三]直饒著著在機先、更須知有向上竅。

* * *

〔第四十八則　乾峰《けんぽう》の一路〕

[一]乾峰和尚、僧の「十方薄伽梵《じっぽうばぎゃぼん》、一路涅槃門《いちろねはんもん》。[二]未審《そも》、路頭甚麼《なん》の処にか在《あ》る」と問うに因《よ》って、[三]峰、拄杖《しゅじょう》を拈起《ねんき》して劃一劃《かくいっかく》して云く、「者裏《しゃり》に在り」。[四]後《のち》に僧、雲門に請益《しんえき》す。[五]門、扇子《せんす》を拈起して云く、「扇子踍跳《ぼっちょう》して三十三天に上《の》ぼり、帝釈《たいしゃく》の鼻孔《びくう》を築著《ちくじゃく》す。[六]東海の鯉魚《りぎょ》、打つこと一棒すれば、雨《あめ》、盆《ぼん》の傾くに似たり」。

無門曰く……

[七]一人《いちにん》は深深たる海底に向かって行きて、簸土揚塵《ひどようじん》し、[八]一人は高高たる山頂に立って、白浪滔天《はくろうとうてん》す。[九]把定放行《はじょうほうぎょう》、各《おのおの》一隻手《せきしゅ》を出《い》だして宗乗を扶竪《ふじゅ》す。[一〇]大いに両箇の馳子《だす》の相撞著《あいどうじゃく》するに似て、世上応《まさ》に直底《じきてい》の人なかるべし。[一一]正眼《しょうげん》に観《み》来たれば、二大老惣《そう》に未だ路頭を識らざる在《ぞ》。

頌《じゅ》に曰く……

[一二]未だ歩を挙《こ》せざる時　先《ま》ず已《すで》に到る。
未だ舌を動ぜざる時、先ず説き了《お》わる。
[一三]直饒《たと》い著著《じゃくじゃく》機先に在《あ》るも、
更に須《すべか》らく向上に竅《きょう》あることを知るべし。

# 付録　白隠下《はくいんか》の公案体系

白隠下の公案には、「教育体系」がある。「法身《ほっしん》・機関《きかん》・言詮《ごんせん》・難透《なんとう》・向上《こうじょう》、五位《ごい》・無相心地戒（十重禁戒《じゅうじゅうきんかい》）・末後《まつご》の牢関《ろうかん》」である。以下に簡単に解説して、代表的な公案の例を挙げておく。

## 1、法身（dharma-kāya）

「法身《ほっしん》」は、「色身《しきしん》」に対する語である。「色身」は〝肉体〟のこと。釈尊が亡くなられて、弟子たちはショックを受けた。そして、やがて世尊の色身は滅しても、法身は不生不滅だと考えるようになった。そして〝不生不滅〟の「法身」は、釈尊だけでなく我々めいめいの「本来の自己」もそうだと考えるようになった。それが「仏性《ぶっしょう》」である。それで、「法身」の公案というのは、そうした「法身」すなわち〝本来の自己〟に目覚《めざ》めるための公案のことをいう。有名な「趙州無字」の公案などがそれである。いわゆる「見性《けんしょう》」（自己の仏性を徹見すること）のための公案である。

〔一〕 趙州無字
趙州《じょうしゅう》和尚は、僧が、「狗子《いぬ》にも仏性《ぶっしょう》がありますか」と問うたので、「無」と答えた。(『無門関』第一則)

〔二〕 白隠隻手
白隠和尚は言った、「両方の掌《てのひら》を打つと音声《おと》がする。隻手《かたて》にどんな音声《おと》があるか」。(白隠禅師創始の公案)

〔三〕 本来面目
六祖は明上座《みょうじょうざ》に示して言った、「善を思わず悪を思わず、まさにそのようなとき、どれが君の両親がまだ生まれる先の、君自身の本来の顔か」。(『無門関』第二十三則)

〔四〕 趙州柏樹
趙州和尚は、僧が、「祖師達磨《だるま》大師《だいし》がインドから中国に来て伝えようとした心とは何か」と尋ねたので、「庭さきの柏の木だ」と答えた。(『無門関』第三十七則)

〔五〕 雲門須弥

雲門和尚は、僧が「〈一念が起こらない時〉も、却《ま》た過《あやま》ちがありますか」と尋ねたので、「須弥山《しゅみせん》」と言った。（『葛藤集』第四則）

## 2、機関（dynamism）

「機関」は、「ダイナミズム」と英訳されるように、〝働き〟の意である。いったんの「見性」に腰を落ち着けずに、その平等の「悟り」が日常の差別の中で、自由に働けるように、心をそこへおいて修行することである。いわば「悟後の修行」である。坐禅の静中《じょう》だけでなく、日常の動中の生活において、順逆の二境に妨げられずに、悟りの自己と万法《まんぼう》（すべての存在）と、ぴたりと一つになって働けるよう工夫することである。

「見性」経験は「大死一番、絶後蘇息」といっても、平等の理観に陥りやすく、ともすれば悟りになずんで、日常差別の事用《じゆう》すなわち、〝具体的な働き〟において、なかなか自由が得られない。

『首楞厳経《しゅりょうごん》』にも、「理は頓に悟る、悟りに乗じて併せ消すといえども、事は頓に除くにあらず、次第に因《よ》って尽す」とあるのが、それである。

活溌溌地《かっぱつはっち》の全体作用《さゆう》（「宇宙的無意識」的自己の宇宙大の働き）を体得するためには、何としても「機関」の公案が大事である。これこそ、いかにも「祖師禅」らしい公案である。

［六］　水上行活

ある僧が雲門和尚に尋ねた、「諸仏方が生死《しょうじ》を解脱《げだつ》していられる境地というのは、どんなものですか」。和尚は答えた、「東山が水の上《ほとり》を行く」。（『葛藤集』第四十九則）

［七］　南泉斬猫

南泉和尚は、東堂と西堂の雲水たちが猫について争っていたので、その猫をつかみあげて言った、「君たちが、何か一句言うことができたら、この猫を助けよう。言うことができぬなら、ただちに斬り殺すぞ」。

雲水たちは何も答えなかった。そこで、南泉はやむなく猫を斬った。

その晩に、弟子の趙州《じょうしゅう》が外から帰ってきた。南泉は趙州に例の話をした。すると趙州は履《くつ》を頭の上に乗せて、すっと出て行った。南泉は言った、「もしあんたがいてくれたら、あの猫を救うことができたのに」。（『無門関』第十四則）

［八］　趯倒浄瓶

潙《い》山《さん》和尚は、始め百丈《ひゃくじょう》の門下で典座《てんぞ》（料理長）の役についていた。百丈は大潙山《だいいさん》の道場の新しい主人を選ぼうとした。そこで首座《しゅそ》（雲水中の第一座）とともに、潙山にも大衆《だいしゅ》に対して何か一句言わせて、「越格《おっかく》の者が往くがよかろう」と言った。そして、百丈は水瓶《みずがめ》を取って、地上に置いて、問いを設けて言った、「それを水瓶と呼んではならぬ。君は何と呼ぶか」。

そこで首座は言った、「木楔《ぼうきれ》と呼ぶこともできますまい」。

百丈は今度は潙山に問うた。潙山は水瓶を趯《け》倒して出て行った。百丈は笑って言った、「第《だい》一座《ぞ》は、あの山出しめに負けたわい」。

そこで潙山を開山に任命した。（『無門関』第四十則）

## 3、言詮（verbal expression）

「言詮《ごんせん》」とは、〝言句をもって宗旨を表詮する〟の意で、「不立文字《ふりゅうもんじ》」の立文字である。

二つの解釈がある。第一は、言語で表現できないところを、なおも言語で表そうとし、説明できない体験の妙境を、何とかして他人に分かち与えようとする、禅者の大悲心の働きである。『楞伽《りょうが》経』に、「宗通（宗旨に通ずる）・説通（表現・教化に通ずる）」という、その「説通」のことである。

第二は、言詮の公案は、どんなにまぎらわしい言句をつきつけられても、その宗旨の所在を的確に看破して惑わない眼を養うことを目的とするものである。向こうの言葉についてまわって、「語脈裏に転却せら」（言葉にひきまわされる）れたのでは、禅者とは言えないからである。

古来、秀れた禅者は、すべて言句を自由自在に使ったが、なかんずく趙州は「口唇《くしんぴ》皮上に光りを放つ」と言われ、また雲門は五家の中でも「言句の妙密」をもって聞こえたので、「言詮」の公案と言うと、この両禅匠の因縁が典型とされる。

［九］州勘庵主

趙州和尚はある庵主の所へ行って尋ねた、「何かあるかい」。庵主は拳《こぶし》をおっ立てた。趙州は言った、「水が浅くて大船を泊《と》める所ではないわい」。そう言って、さっさと出て行った。また、別の庵主の所へ行って言った、「何かあるかい」。その庵主も、また拳《こぶし》をおっ立てた。すると趙州は、「おっぽっておくのも奪うのも、活かすのも殺すのも、よく自由にできる人物だ」と言って、すっと礼拝した。（『無門関』第十一則）

［十］雲門屎橛

雲門和尚は、僧が、「仏とはどんなものですか」と尋ねたので、「棒状の糞だ」と答えた。（『無門関』第二十一則。この公案は、また「法身」にも「向上」にも配することができる。本文二三五ページ参照）

［十一］路逢達道

五祖法演和尚は言った、「路上で道に達した人に逢ったら、語をもって対してはならぬ、黙をもって対してもならぬ。まあ言うてみよ、何をもって対したらよいか」。（『無門関』第三十六則）

## 4、難透（those difficult to pass through）

「難透」とは、〝透り難《にく》い〟公案という意である。これにも二とおりの意があって、見地が透りにくいというのと、境涯がなかなか透りがたいというのと、二つの解釈がある。私自身は、後者を主としたい。元来、公案の難易は人（機）にあって公案（法）それ自体にあるのではないと言われる。たしかに、ある人にとっては難透であった公案も、他の人には容易にすらりとゆけるということがある。しかし、ある種の公案が、最大公約数的に、難透と呼ばれる客観的な妥当性をもつことも、また事実である。

「公案体系」の中でも、先の「言詮」とこの「難透」を特に設けたところに、白隠の公案教育の特色があって、白隠は、修行者に、いったんの見性ののち、さらに仏祖差別の妙道を明らめ、為人度生《いにんどしょう》（衆生を済度する）の機縁を全《まっと》うさせるために、一機を立て一境を設け（「機」は主観的な、「境」は客観的な手だて、働き。たとえば世尊の拈華《ねんげ》は一境、迦葉《かしょう》の微笑《みしょう》は一機）、八幡《やわた》の藪《やぶ》くぐりをこしらえ、さまざまな難透の則を設けた。これで修行者の余習《よしゅう》（煩悩妄想の残りかす）を流し去ろうというのである。その入り組んで抜けがたいことは、天に参《まじ》わる荊棘林《けいきょくりん》（いばらの林）のようで、これにひっかかると、進むことも退くこともできない。生命がけで突き進む鉄漢でなければ、徹底透過は到底むずかしい。それで、どんな久参の上士でも、ここへ来るとカブトをぬぐ。今までの修行得力はウソであったと気がつく。初めからやり直そうと決意する。そこでホンモノができる。

古人の例を見ても、必ず悟った上にも悟り、練った上にも練って、悟りと日常の言行が一致するよう、真に実地の自由を獲得しようと努めてきた。大慧《だいえ》和尚のごときも、「大悟十八回、小悟その数を知らず」と言われている。

〔十二〕倩女離魂

五祖法演和尚は、弟子の僧に問うて言った、「お倩《せん》は魂が肉体から離れて、二人の倩女となって生きたというが、どっちがほんものか」。（『無門関』第三十五則）

〔十三〕牛過窓櫺

五祖法演和尚は言った、「たとえば、水牯牛《すいこぎゅう》が窓格子《まどごうし》越しに街道を通るようなものだ。頭も角も四本の足も、みんな通り過ぎてしまったのに、なぜ尻尾《しっぽ》だけが通り過ぎることができないのか」。（『無門関』第三十八則）

［十四］婆子焼庵

昔、ひとりの老婆がいて、一庵主（男僧）を供養して二十年にも及んだ。その間つねにひとりの二八《にはち》の美少女に食事を運ばせて、僧の身の回《まわ》りの給仕に従わせて来たが、もはや機も熟したと見てか、ある日乙女《おとめ》に言いふくめて、僧にしっかりと抱きつかせて、「こんなときにどうでございますか」と問わせた。すると、その僧の答えていうには、「枯れた木が、冷たい巌《いわお》に寄り添っているようなもの。冬の三ヵ月のように冷たく澄みきって、人間らしい暖かさなどまったくない冷静な心境だ」と。乙女は帰って僧の言葉を報告した。するると、老婆は非常に立腹して、「私は二十年ものあいだ、営々と苦労して、こんな一箇の俗物を養うただけだったか」と言って、その僧を追い出して、それでも足りずに庵まで焼いてしまった。（『葛藤集』第百五十四則）

## 5、向上（non-attachment）

ここの「向上」は、〝上に向かう〟の意ではなく、〝その上・その先〟の意の俗語である。詳しくは、「仏向上」（仏のその上）という。いわゆる「仏見・法見《ほっけん》」の「金鎖《こんさ》」（煩悩妄想の鉄の鎖に対して、悟りに執われるのを黄金の鎖にたとえる）をかなぐり捨てて、修禅者のともすれば陥りがちな、みずからの悟りに酔い、いたずらに機鋒を戦わす、例の野狐禅者流の「大我禅」の悟臭をぬくための公案である。これらの公案を透過してはじめて、真にあるがままそのままの「平常心」に生きることができ、洒々落々《しゃしゃらくらく》たる禅者の真の「自由」が体得できる。「自由」こそ、唐代禅宗の合言葉《あいことば》であった。

［十五］暮雲之頌
対するに堪えたり暮雲の帰って未だ合せざるに、遠山限りなき碧層々。（『碧巌録』第二十則）
何とも見事なものだ、夕暮れ雲が西に戻ってまだ一塊りにならぬとき、はてしもなき山なみの幾重にも畳《たた》なわる緑よ。

［十六］白雲未在
白雲守端和尚は弟子の五祖法演に言った、「数人の禅客が廬山からやって来た。いずれもみな悟っている。彼らに語らせてみると、ちゃんと由来のある説法をする。公案を取り上げて問うてみると、見地もしっかりしている。語を著《お》かせてみても、りっぱに置く。しかし、何としても未在《まだまだ》だ」。（『葛藤集』第二百五十九則）

［十七］徳山托鉢
徳山和尚は、ある日、持鉢を捧《ささ》げ持って、食堂《じきどう》へ出てきた。そして、弟子の雪峰に、「こ

の老漢《じいさん》、まだ合図《あいず》の鐘も太鼓もならんのに、持鉢を持ってどこへ行かれるのです」と問われて、そのまますっと居間に帰って行かれた。

雪峰はこのことを兄弟子《でし》の巌頭に話した。巌頭は言った、「徳山老師ともあろうお方が、まだ〈末後の句〉がお分かりでない」。

徳山はこれを聞いて、侍者に巌頭を呼んでこさせて尋ねた、「あんたはこの老僧《わし》を肯《うけが》わないのか」。巌頭は何やら密かに徳山和尚に申し上げた。そこで、和尚は文句をいうのをやめた。

その翌日、講座に上がった徳山は、はたしていつもとは違っていた。巌頭は僧堂の前に来て、手を打って大笑して言った、「まあうれしいことに、徳山老漢にも〈末後の句〉がお分かりいただけた。今後は、天下の人も、あのお方をどうすることもできまいて」。（『無門関』第十三則）

以上、「公案体系」の第一部。以下、「公案体系」の第二部、すなわち「五位・無相心地戒（十重禁戒）・末後の牢関」は省略する。

KODANSHA

本書は、一九九〇年にPHP研究所から刊行された『口語で読む禅の古典　無門関を読む』を文庫化したものです。

秋月龍珉（あきづき　りょうみん）

1921年生まれ。東京大学文学部哲学科卒業。同大学院修了。花園大学教授を経て，埼玉医科大学名誉教授。1999年9月没。主著に『秋月龍珉著作集』『道元入門』『一日一禅（上・下』『禅のことば』『白隠禅師』『「正法眼蔵」を読む』（正・続）等がある。

講談社学術文庫

定価はカバーに表示してあります。

無門関《むもんかん》を読《よ》む

秋月龍珉《あきづきりょうみん》

2002年10月10日　第1刷発行
2021年7月21日　第15刷発行

発行者　鈴木章一
発行所　株式会社講談社
東京都文京区音羽 2-12-21 〒112-8001
電話　編集（03）5395-3512
販売（03）5395-4415
業務（03）5395-3615
装　幀　蟹江征治
印　刷　株式会社廣済堂
製　本　株式会社国宝社



ISBN4-06-159568-7

# 「講談社学術文庫」の刊行に当たって

これは、学術をポケットに入れることをモットーとして生まれた文庫である。学術は少年の心を養い、成年の心を満たす。その学術がポケットにはいる形で、万人のものになることは、生涯教育をうたう現代の理想である。

こうした考え方は、学術を巨大な城のように見る世間の常識に反するかもしれない。また、一部の人たちからは、学術の権威をおとすものと非難されるかもしれない。しかし、それはいずれも学術の新しい在り方を解しないものといわざるをえない。

学術は、まず魔術への挑戦から始まった。やがて、いわゆる常識をつぎつぎに改めていった。学術の権威は、幾百年、幾千年にわたる、苦しい戦いの成果である。こうしてきずきあげられた城が、一見して近づきがたいものにうつるのは、そのためである。しかし、学術の権威を、その形の上だけで判断してはならない。その生成のあとをかえりみれば、その根は常に人々の生活の中にあった。学術が大きな力たりうるのはそのためであって、生活をはなれた学術は、どこにもない。

開かれた社会といわれる現代にとって、これはまったく自明である。生活と学術との間に、もし距離があるとすれば、何をおいてもこれを埋めねばならない。もしこの距離が形の上の迷信からきているとすれば、その迷信をうち破らねばならぬ。

学術文庫は、内外の迷信を打破し、学術のために新しい天地をひらく意図をもって生まれた。文庫という小さい形と、学術という壮大な城とが、完全に両立するためには、なおいくらかの時を必要とするであろう。しかし、学術をポケットにした社会が、人間の生活にとってより豊かな社会であることは、たしかである。そうした社会の実現のために、文庫の世界に新しいジャンルを加えることができれば幸いである。

一九七六年六月

野間省一